# 75 JAHRE
# G. HENLE VERLAG

TOBIAS HEYL

# 75 JAHRE G. HENLE VERLAG

HANSER

Beethoven · Streichquartett op. 130,
Beethoven · Streichquartett op. 127
Schumann · Klavierquartett op. 47
Weber · Klarinettenkonzert Nr. 1 op. 73 (Klavierauszug)
Mozart · Klarinettenkonzert KV 622 (Klavierauszug)
Reger · Streichtrios op. 77b, 141b

# „Es ist G! Bravo, und Tausend Dank."

*Yehudi Menuhin, 28. April 1956*

„Es ist G": Ludwig van Beethoven, Sonate für Violine und Klavier G-dur op. 96, 4. Satz, T 218: In älteren Ausgaben steht an dieser Stelle meistens Gis.

# Inhalt

# GÜNTER HENLE – AUF DEM WEG ZUM VERLEGER

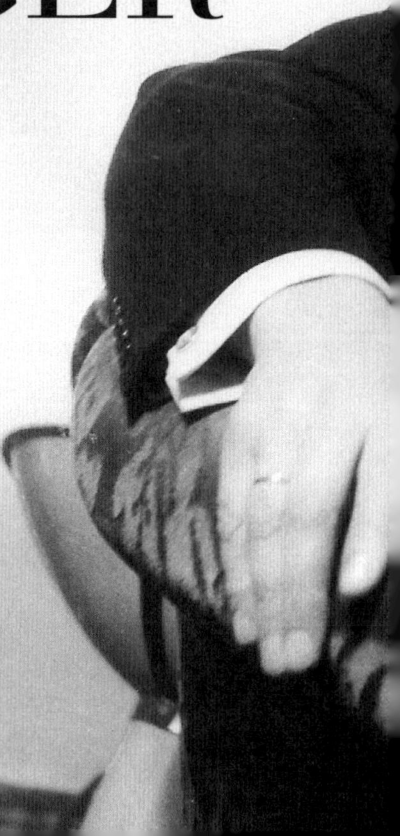

# Familie, Kindheit und Jugend

Auch wenn Günter Henle im Laufe seines Lebens als Diplomat, Industrieller, Politiker und Verleger an vielen Orten tätig und auf der ganzen Welt unterwegs war: Seine Herkunft aus Süddeutschland und seine besondere Verbundenheit mit München waren ihm so wichtig, dass er sie gleich am Beginn seiner Erinnerungen betont. Aus Interviews, die auf Tonband festgehalten wurden, hört man seinen bayerischen Zungenschlag heraus.

In der väterlichen Linie Günter Henles stammte ein Urgroßelternpaar aus einer in Franken prominenten jüdischen Familie. Um ihnen staatliche Repressionen und antisemitische Anfeindungen zu ersparen, ließen sie ihre Kinder katholisch taufen. Genau solchen aber sah sich Günter Henle in seinem späteren Leben ausgesetzt. Am 3. Februar 1899 in Würzburg geboren, waren seine Eltern mit ihm und seiner älteren Schwester Ilse nach Zwischenstationen in Regensburg und Hof 1903 nach München gezogen: Der Vater, Julius von Henle, trat im Bayerischen Innenministerium eine neue Stelle an. Er sollte dort Stufe um Stufe eine sehr erfolgreiche Karriere als Verwaltungsjurist durchlaufen, bis er 1917 als Regierungspräsident nach Würzburg zurückkehrte. Die

***Vorherige Doppelseite*** Günter Henle im Dezember 1954, fotografiert von Felicitas Timpe.
***Linke Seite*** Ein Ausflug in die Berge: Günter Henle mit seiner Schwester Ilse in Berchtesgaden, 1916.

Mutter Lida, geborene Albert, war in New York geboren worden und hatte ihre Jugend in Konstantinopel verbracht, ihre Vorfahren waren 1620 mit den Pilgervätern auf der Mayflower nach Amerika ausgewandert.

Die junge Familie fand eine Wohnung in Schwabing in der Friedrichstraße 29. Der Stadtteil im Norden Münchens verbindet sich in diesen Jahren mit großen Namen der Kunst und Literatur: Wassily Kandinsky, Franz Marc und Paul Klee, Stefan George, Thomas und Heinrich Mann, Lion Feuchtwanger und Frank Wedekind, um nur einige zu nennen. In Günter Henles Erinnerungen kommen diese Namen nicht vor, aber

„Sie hatte ein heiteres Gemüt ohne Argwohn und Falsch und konnte sich bis ins hohe Alter auch über Kleinigkeiten von Herzen freuen." Günter Henle über seine Mutter Lida von Henle, geborene Albert.

eigentlich kann man sich kaum vorstellen, dass seine Eltern von der damaligen Stimmung des künstlerischen Aufbruchs völlig unberührt geblieben sind. Der Vater, so erinnert er sich, war ein begeisterter Opern- und Theaterbesucher, auch sonst waren seine Interessen weit gespannt: „In der alten wie der neueren Geschichte war er zu Hause, wie man es fast nur bei der vorausgegangenen Generation noch antreffen konnte." (WJ 10)

Die Jahre zwischen der Jahrhundertwende und dem Ausbruch des Ersten Weltkriegs zählen zu den besten Jahren Münchens. Prinzregent Luitpold, nach dem diese Zeit auch benannt wird, verkörperte an der

„Groß war seine Liebe zur Musik, wenn er auch selbst kein Instrument spielte, und groß war sie erst recht zur Oper und zum Theater." Günter Henle über seinen Vater Julius von Henle.

Spitze Bayerns die Jahrhunderte dauernde Kontinuität des Hauses Wittelsbach. Weil er sein Amt mit großer politischer Zurückhaltung ausübte, standen dem Bürgertum alle Möglichkeiten offen, in Politik, Wirtschaft und Kultur die Modernisierung der Gesellschaft voranzutreiben. Die Familie Henle war in München zur richtigen Zeit am richtigen Ort angekommen.

„In München wuchs ich also auf. Von der unbeschwerten Lebenslust und Daseinsfreude, die nicht nur die Jugendlichen in den ersten vierzehn Jahren dieses Jahrhunderts erfüllte, kann sich jemand, der diese Zeiten nicht selbst miterlebt hat, keine Vorstellung machen." (WJ 13) Erst recht unbeschwert wächst auf, wer sich auf eine außergewöhnliche Begabung verlassen kann. Seine Schwester wird ein Jahr vor ihm eingeschult, und weil er genau mitverfolgt, was sie in der Schule so alles lernt, wird er im kommenden Jahr gleich in die zweite Klasse der Volksschule an der Türkenstraße aufgenommen, eine der wenigen konfessionell ungebundenen Schulen in München.

Aus der folgenden Gymnasialzeit ist wenig überliefert, man kann aber wohl davon ausgehen, dass ihm auch die Jahre am sehr angesehenen Maxgymnasium nicht besonders schwer gefallen sind.

# Erste musikalische Erfahrungen

Häusliches Musizieren, Konzert- und Opernbesuche, musikalische Begeisterung und Kennerschaft gehörten ganz wesentlich zum Selbstverständnis des gebildeten Bürgertums im frühen 20. Jahrhundert. München war ein idealer Ort, solche Leidenschaften zu pflegen. Als die Henles dort ankamen, war gerade Felix Mottl Hofoperndirektor, ihm folgte wenige Jahre später Bruno Walter. Das Kaim-Orchester, Vorgänger der Münchner Philharmoniker, wurde von Felix Weingartner geleitet, 1906 debütierte Wilhelm Furtwängler dort als Dirigent, unter der Leitung Gustav Mahlers brachte das Orchester dessen 4. und (unter dem Namen Münchner Tonkünstler-Orchester) 8. Symphonie zur Uraufführung.

Wir wissen nicht, was der junge Günter Henle in der Oper oder im Konzert gehört hat. In seinen Erinnerungen freilich erzählt er mit großer Selbstverständlichkeit, dass er gleich zwei Instrumente erlernte: Geige bei Herma Studeny, Klavier bei Walther Lampe. Das waren damals zwei große Namen. Herma Studeny hatte bei Antonin Dvořák und Otakar Ševčík studiert, legte eigene Kompositionen vor und trat als Primaria des Studeny-Quartetts auf. Auch in späteren Jahren blieb sie mit ihrem

Schüler befreundet, der seine frühere Lehrerin bei öffentlichen Auftritten gelegentlich am Klavier begleitete.

Walther Lampe wiederum hatte in Frankfurt am Main bei Clara Schumann und in Berlin bei Engelbert Humperdinck studiert. Er war freier Konzertpianist, aber auch ein hoch angesehener Klavierpädagoge, als er Günter Henle 1914 als Privatschüler unter seine Fittiche nahm. Später wird er ihm ein wichtiger Berater sein, als die Ideen für die Gründung eines Musikverlags konkrete Formen annahmen.

Eine lebenslange Freundschaft verband Günter Henle mit seiner Geigenlehrerin Herma Studeny.

Lehrer am Klavier, Berater bei der
Gründung des Verlags, Herausgeber
der ersten Stunde: Walther Lampe.

# Krieg und Studium

Schon nach zwei Jahren freilich war es mit dem Unterricht vorbei. Günter Henle gehörte zu den vielen jungen Männern, die es gar nicht erwarten konnten, in den Krieg zu ziehen. Am 30. Juni 1916 trat er noch im Kunstsaal Steinicke bei einer „Wohltätigkeitsaufführung veranstaltet von jugendlichen Kräften zum Besten der Kriegshilfskasse des Münchner Tonkünstler Vereins" auf, er spielte den 1. Satz aus Ludwig van Beethovens Klaviertrio op. 1 Nr. 3 und von Johannes Brahms die zweite der Vier Balladen op. 10 Nr. 2 sowie die Ballade aus den Klavierstücken op. 118 (Nr. 3). Als Kriegsfreiwilliger der Bayerischen Armee wurde er bald in Würzburg stationiert, wohin auch seine Eltern gezogen waren. Anfang 1917 kam er an die Westfront und war dort bis zum Ende des Krieges eingesetzt, zuletzt als Offizier, ausgezeichnet mit dem Eisernen Kreuz Zweiter und Erster Klasse. Von den Schrecken des Krieges ist in seinen Erinnerungen nicht die Rede, er hatte Glück, unversehrt heimzukehren.

Und es war bezeichnend für seine Zielstrebigkeit, dass er bei seiner Rückkehr nach Würzburg am 2. Dezember 1918 nicht gleich sein Elternhaus aufsuchte, sondern sich erst einmal an der Universität für Jura und



*Rechte Seite* Zusammentreffen mit seiner Schwester im Krieg, 1917.

Volkswirtschaft immatrikulierte – wäre er einen Tag später gekommen, hätte ihn das ein ganzes Semester gekostet. Für Kriegsteilnehmer wurde das Studium gestrafft und in Trimester aufgeteilt. Aber auch unter diesen Bedingungen absolvierte er sein Studium in Rekordzeit. Ein Abstecher führte ihn an die Universität Marburg, er war Mitglied zweier Corps – aus denen er 1933/34 wegen seiner jüdischen Vorfahren trotz seiner Auszeichnungen im Ersten Weltkrieg ausgeschlossen wurde – und kämpfte in Bayern und Thüringen gegen die Spartakisten. Bereits im Sommer 1920 absolvierte er das Referendar- und Doktorexamen. Die Doktorarbeit beschäftigte sich mit dem „Vergehen des einfachen Hausfriedensbruchs".

Zum Referendariat kehrte er nach München zurück und nahm gleichzeitig ein Musikstudium auf. Walther Lampe, sein Lehrer aus der Zeit vor dem Krieg, war dort gerade zum Professor an die Akademie für Tonkunst berufen worden. Es war für Günter Henle also noch nicht ausgemacht, wo er seine berufliche Zukunft finden wollte: „Interesse und vielleicht auch eine gewisse erbliche Belastung verwiesen mich auf die Juristerei. Aber die Liebe zur Musik, die sich schon in frühen Jahren nachdrücklich bei mir kundtat, stand dem in nichts nach, wenn sich auch kein Berufsmusiker in meinem Stammbaum nachweisen läßt." Am Ende ging alles, wie so oft beim jungen Günter Henle, ganz schnell: „Eine Anfrage beim Auswärtigen Amt in Berlin führte zu einem ermutigenden Ergebnis, und so fiel die Entscheidung, noch ehe die eine wie die andere Ausbildung beendet war, kurzerhand zugunsten der Diplomatie." (WJ 15)

# Im diplomatischen Dienst

Am 1. Juli 1921, er war gerade einmal 22 Jahre alt, trat Günter Henle als Attaché beim Auswärtigen Amt an der Berliner Wilhelmstraße seinen Dienst an. Es war eine außenpolitisch bewegte Zeit: Auf der Londoner Konferenz waren gerade die Reparationsleistungen des Deutschen Reichs festgelegt worden, ein Jahr später kam es mit dem Vertrag von Rapallo zur überraschenden Annäherung zwischen Deutschland und der Russischen Sozialistischen Föderativen Sowjetrepublik, 1923 brach der Konflikt um das Ruhrgebiet aus – erst danach entspannte sich die Lage in Europa.

Als junger Attaché war Günter Henle allerdings noch nicht auf dem diplomatischen Parkett unterwegs. Zunächst galt es, das Handwerkszeug der Bürokratie zu erlernen, die Berichte der Auslandsmissionen zu studieren und bei eingehenden Telegrammen zu entscheiden, ob sie dem Staatssekretär vorgelegt werden müssten. Gewiss ungewöhnlich für einen jungen Attaché war ein Abend im Haus des Außenministers Friedrich Rosen, an dem er mit dem Physiker und begeisterten Amateurgeiger Albert Einstein musizierte – das Programm ist leider nicht überliefert.

Günter Henle erlebte in seinen Berliner Jahren so ziemlich alle großen Dirigenten und Solisten der damaligen Zeit: die Dirigenten Arthur Nikisch, Bruno Walter, Willem Mengelberg, Wilhelm Furtwängler und Fritz Busch, die Pianisten Artur Schnabel, Ferruccio Busoni, Edwin Fischer, Claudio Arrau, Alfred Cortot, Wilhelm Backhaus und Walter Gieseking, die Geiger Adolf Busch, Fritz Kreisler, Bronisław Huberman und Jacques Thibaud – und außerdem den Cellisten Pablo Casals.

Ebenfalls im Konzert hörte er den Pianisten Frederic Lamond, ein gebürtiger Schotte, Schüler von Franz Liszt und damals in Berlin ansässig. Günter Henle kam mit ihm in Kontakt und nennt ihn in seinen Erinnerungen „einen höchst anregenden Mentor", der ihm half, sein Klavierspiel weiterzuentwickeln – an regulären Unterricht war nicht zu denken, weil der Meister häufig auf Tournee war. (WJ 21)

1923 absolvierte Günter Henle die Abschlussprüfung für den Auswärtigen Dienst und wurde Ende des Jahres zunächst an das Generalkonsulat in Amsterdam, später an die Botschaft in Den Haag versetzt. Für zwei eher ruhige Jahre blieb er in den Niederlanden, verkehrte dort in den besten Häusern und besuchte natürlich auch regelmäßig die Konzerte des Concertgebouw-Orchesters, das unter Willem Mengelberg einen Platz unter den besten Orchestern der Welt eingenommen hatte. Als „Erster Dirigent" war Carl Muck engagiert, mit beiden stand Günter Henle auch in persönlichem Kontakt.

Im Mai 1925 wechselte er auf eigenen Wunsch an die Botschaft in Buenos Aires, das „damals nicht gerade den Mittelpunkt der großen Politik darstellte. Was mich als jungen Menschen reizte, war, die Welt einmal eine Weile von einem anderen Erdteil aus zu erleben und zu betrachten (…)." (WJ 25) Diese Erwartung wurde erst einmal enttäuscht, viel Zeit und Nerven kosteten ihn die Auseinandersetzungen innerhalb der in sich zerstrittenen deutschen Kolonie. Mehr Freude bereiteten ihm die Gespräche mit interessanten Gästen aus Europa und Nordamerika.

Ein Höhepunkt war der Besuch des Berliner Generalmusikdirektors Erich Kleiber, der im August und September 1926 als Gastdirigent in Buenos Aires einige von Publikum und Presse heftig umjubelte Konzerte leitete. Günter Henle verfolgte sooft wie möglich die Proben,

*Rechte Seite* Erich Kleiber 1926 in Buenos Aires, wo er durch Günter Henle seine spätere Frau Ruth Goodrich kennenlernte.

einmal auch in Begleitung von Ruth Goodrich, einer Kollegin von der amerikanischen Botschaft. Er machte sie mit dem Maestro bekannt – eine Woche später verlobten sich die beiden. 1930 kam ihr Sohn Carlos zur Welt, der, wie sein Vater, ein weltberühmter Dirigent werden sollte. Günter Henle blieb ihm als Patenonkel besonders verbunden. 1935 ließen sich die Kleibers auf der Flucht vor den Nationalsozialisten in Buenos Aires nieder.

„Das Colón-Theater in Buenos Aires und seine Besucher bildeten übrigens einen bemerkenswerten Rahmen für künstlerische Darbietungen, vielleicht den elegantesten der Welt von damals."

Das Teatro Colón ist Günter Henle vor allem als ein Ort in Erinnerung geblieben, an dem sich elegant gekleidete junge Damen in Szene setzten. Was er damals auf der Bühne gesehen haben mag, lässt sich in den Chroniken des Colón im Internet nachlesen: vor allem italienische, dann französische Oper, aus Russland Rimski-Korsakow, aus Deutschland Richard Wagner und Engelbert Humperdinck. Zwar nicht in der Oper, aber doch im Konzert war Günter Henle selbst auf der Bühne zu erleben, bei der argentinischen Erstaufführung von Beethovens Fantasie für Klavier, Chor und Orchester op. 80 spielte er den Solopart. Viele Jahre später wurde das Werk in Buenos Aires noch einmal aufgeführt. Der Solist Hans Richter-Haaser teilte Günter Henle später auf einer Postkarte aus Buenos Aires mit, „daß er dieses Werk soeben gespielt habe und ihm die Leute von der damaligen Aufführung erzählt hätten. So gerät man unter die Unsterblichen!" (WJ 29)

Günter Henle hatte sich nach Argentinien beworben, weil er etwas von der Welt sehen wollte. Tatsächlich unternahm er ausgedehnte Reisen, nach Patagonien, Feuerland, Chile, Brasilien und Paraguay, um den Subkontinent genauer kennenzulernen. 1928 erschien in der Würzburger Universitätsdruckerei Stürtz, die später für seinen eigenen Verlag eine wichtige Rolle spielen sollte, sein Reisebericht „Eine Fahrt nach Patagonien und dem Feuerlande". 1929 plante er für die Rückreise nach Europa eine ausgedehnte Reise durch den nordamerikanischen Kontinent, wurde dann aber mit einem Telegramm zur schnellstmöglichen Rückkehr nach Berlin aufgefordert, wo er die nächsten beiden Jahre im Auswärtigen Amt als Südamerikareferent arbeitete. Abends hörte er Unter den Linden große Oper, im Idealfall geleitet von Erich Kleiber, er wird sich später aber auch an lustige Operettenabende erinnern und an „den Wirbel um Josephine Baker". (WJ 41)

Das glänzende Berliner Musikleben der frühen 1930er Jahre konnte nicht über die schweren Krisen hinwegtäuschen, die Deutschland erschütterten. Als Günter Henle Ende 1931 nach London versetzt wurde, erschien ihm das „wie eine Oase der Geborgenheit in unerschütterbar scheinenden Lebensverhältnissen". (WJ 45) Die Machtübernahme der Nationalsozialisten 1933 erlebte er aus der Ferne, im Alltagsbetrieb der Botschaft änderte sich erst einmal nichts.

Ein Jahr zuvor hatte Günter Henle Anne Liese Küpper kennengelernt, die beiden spürten offenbar schon auf den ersten Blick ihre Liebe und heirateten im Sommer 1933. Sie war die Stieftochter von Peter Klöckner, einem der erfolgreichsten Industriellen seiner Zeit, dessen Konzern mit Kohlezechen, Stahlwerken, Walzwerken und Maschinenfabriken nicht nur auf allen Feldern der Förderung und Verarbeitung von Rohstoffen, sondern auch im Handel und in der industriellen Produk-

Kohlezechen, Stahlwerke, Walzwerke, Maschinenfabriken: Konzerngründer Peter Klöckner war in Deutschland einer der erfolgreichsten Industriellen seiner Generation.

tion aktiv war. 1934 wird ihr erster Sohn Jörg Alexander geboren, Tochter Sylvia im Jahr 1937 und der zweite Sohn Christian Peter im Jahr 1938.

Anne Liese Henle folgte ihrem Mann nach London, es blieben ihnen noch wenige glückliche Jahre mit Bootsrennen in Cambridge und Oxford, Pferderennen in Derby und Ascot, nicht zu vergessen das Tennisturnier in Wimbledon. „Meine Frau und ich genossen in London die Begleitumstände unseres Diplomatendaseins sehr. Aber auf die deutsch-britischen Beziehungen legte sich dann von 1933 an der dunkle Schatten der Vorgänge in Deutschland. (…) Bei einer Garden Party im Londoner Schloß nach der Röhm-Affäre Ende Juli 1934 war das Königspaar sogar zu dem Botschafter von Hoesch bei aller Beliebtheit, derer er sich bei Hofe erfreute, schlechthin eisig." (WJ 58)

Hitler suchte die Annäherung ans Vereinigte Königreich, ein erster Schritt für ihn war der Abschluss des bilateralen Flottenabkommens, das sein außenpolitischer Sondergesandter Joachim von Ribbentrop in London aushandelte – was die Deutsche Botschaft erst einen Tag später aus der Zeitung erfuhr. Ein Jahr später übernahm Ribbentrop die Leitung der Londoner Botschaft, Günter Henle war zu diesem Zeitpunkt bereits wieder zurück in Berlin. „Es [das Hitler-Reich] schien für Beobachter von draußen in mancher Hinsicht gerade damals glanzvoll dazustehen, löste aber bei denen, die tiefer blicken konnten, doch oft jene Gefühle aus, denen der Maler Max Liebermann zu Beginn der Nazizeit in seiner drastischen Berliner Art mit den klassischen Worten Ausdruck gab, er könne unmöglich so viel essen, wie er kotzen möchte." (WJ 60)

Seine letzten Monate im Auswärtigen Amt erlebte Günter Henle nur noch als „kurze Gastrolle", unabhängig von seiner Ablehnung des nationalsozialistischen Regimes war ihm ohnehin wegen seiner jüdischen Vorfahren eine Zukunft im diplomatischen Dienst verbaut. Er verließ das Auswärtige Amt und widmete sich fortan „dem Dienste an Wirtschaft und Industrie". (WJ 60)

# Der Einstieg bei Klöckner, Kriegsjahre

Günter Henle war der Familie Klöckner von Anfang an willkommen. „Schon bei meiner Verlobung hatte mir Peter Klöckner gesagt, ich könnte jederzeit zu Klöckner überwechseln, wenn ich Lust dazu hätte." (WJ 64) 1932 schlug er dieses Angebot noch aus, weil er weiter eine diplomatische Karriere verfolgen wollte. Nach der Machtübernahme der Nationalsozialisten bot der Einstieg in den Konzern des Schwiegervaters die willkommene Chance für einen beruflichen Neuanfang, unbehelligt von den Zumutungen des Regimes. Am 2. Januar 1937 begann er in einer zum Konzern gehörenden Berliner Firma für Eisenhandel mit einer kaufmännischen Lehre, abends ließ er sich von einem Hochschulassistenten in die Eisenhüttenkunde einführen, außerdem standen Werksbesuche auf dem Programm. Schon im Herbst des gleichen Jahres wurde er in den Vorstand der Klöckner-Werke berufen, zunächst mit Sitz bei den Werken in Osnabrück, ein Jahr später in der Hauptverwaltung in Duisburg, von nun an sein Lebensmittelpunkt. In unmittelbarer Nähe seines Schwiegervaters absolvierte er dort „eine neue hohe Schule, diesmal die des Kaufmanns und Industriellen". (WJ 65)

Im Herbst 1940 starb Peter Klöckner. Sein einziger Sohn Waldemar war 1936 tödlich verunglückt, und so rückte Günter Henle an die Spitze des Konzerns. In dieser exponierten Stellung geriet er ins Visier der Nationalsozialisten, und 1942 verfügte der Essener Gauleiter Josef Terboven unter einem fadenscheinigen Vorwand seine Enthebung aus allen Ämtern bei den Klöckner-Unternehmungen und ein allgemeines Tätigkeitsverbot. Um sich in Sicherheit zu bringen, reiste Günter Henle noch am gleichen Abend nach Berlin und tauchte dort unter. Nach mehreren Monaten konnte er mit Hilfe des Netzwerkes der Familie und des Staatsrats Karl Jarres immerhin erreichen, die Geschäftsleitung von Klöckner & Co wieder zu übernehmen. An der Spitze der Eisen- und Stahlproduzentin Klöckner-Werke AG und des Maschinenbaukonzerns Klöckner-Humboldt-Deutz dagegen blieben Gefolgsleute der NSDAP.

Klöckner & Co war das Stammhaus des Konzerns, es handelte mit Eisen und Stahl. Durch die Kriegswirtschaft war ein normaler Geschäftsbetrieb nicht mehr möglich, Günter Henle versuchte trotzdem, seinen Aufgaben als Geschäftsführer so weit wie möglich nachzukommen. Sein Pensum war freilich kleiner geworden und sein Aktionsradius geschrumpft, so blieb ihm wieder mehr Zeit für die Musik. Regelmäßig reiste er nach München, „um mit meinem alten Lehrer Lampe auf das eifrigste und nur unterbrochen durch die Einnahme der Mahlzeiten zu arbeiten." (WJ 69)

Nachdem ihr Duisburger Wohnhaus von Bomben zerstört worden war, brachte sich die Familie im Haus Hartenfels in Sicherheit, einer schlossartigen Anlage am Rand der Stadt, die Henles Schwiegereltern errichtet hatten. Zur Jahreswende 1944/45 wurde dort eine Flakbatterie einquartiert, darunter der Gefreite Karl Röhrig, nach dem Krieg Erster Konzertmeister bei den Duisburger Sinfonikern und später dem Verlag eng verbunden. Fast jeden Abend traf er sich mit Günter Henle zum Musizieren, sie spielten und studierten die gesamte Literatur für Klavier und Violine von Bach bis Strauss und Reger. Als eines Abends während des zweiten Satzes von Beethovens Kreutzersonate der Strom ausfiel, ließen sich die beiden davon nicht irritieren und brachten das Werk im Dunkeln zu Ende. „Niemals vor- oder nachher waren die zuhörenden Hausbewohner von unserer Leistung so hingerissen wie damals." (WJ 71)

Und war es ein Zufall, dass in den folgenden letzten Kriegsmonaten immer mehr Musiker des Essener Orchesters im Haus Hartenfels und Umgebung einquartiert wurden? „Wir erweiterten daraufhin unsere musikalischen Aktivitäten auf Klaviertrios bis Klavierquintette, und es gab wohl kaum etwas an Literatur auf diesem Gebiete, das wir an jenen trüben Tagen nicht zum Erklingen gebracht hätten." (WJ 71 f.)

Am 12. April 1945 erschien ein amerikanischer Sergeant im Haus Hartenfels, einen Tag später nahm die US-Armee Duisburg ein, wurde aber bald darauf von den Briten abgelöst. Noch zuvor war ein früherer Beigeordneter der Duisburger Stadtverwaltung als Oberbürgermeister eingesetzt worden, er berief ein provisorisches Stadtparlament ein, dem auch Günter Henle angehörte: Das war der Beginn seiner politischen Karriere. Doch es hielt ihn nicht lange in Duisburg, auf langen, umständlichen Reisen durch das vom Krieg verwüstete Deutschland suchte er die Standorte des Klöckner-Konzerns auf, um sich ein Bild von deren Zerstörung zu machen.

Alle Hoffnungen auf einen zügigen Wiederaufbau zerschlugen sich in der Nacht zum 1. Dezember 1945. Angehörige des Geheimdienstes der britischen Armee nahmen Günter Henle in seiner Wohnung fest und brachten ihn mit 75 weiteren Stahlindustriellen nach Niedersachsen in das Internierungslager Bad Nenndorf. Einen Grund für seine Verhaftung erfuhr er nie. Nach einem halben Jahr in einer primitiven ehemaligen Badezelle wurde er noch für drei weitere Monate in ein Internierungslager bei Iserlohn verlegt und am 6. September 1946 wieder in die Freiheit entlassen.

Kurze Zeit später offiziell entnazifiziert unter anderem mit eidesstattlichen Erklärungen von Konrad Adenauer, Robert Lehr und Waldemar von Oppenheim, konnte er am 31. Januar 1947 seine Tätigkeit als geschäftsführender Teilhaber von Klöckner & Co wieder aufnehmen. Im Juni 1947 entsandte ihn die CDU-Fraktion des Landtags überdies in den Frankfurter Wirtschaftsrat, der von den amerikanischen und britischen Militärbehörden eingerichtet worden war, um die Grundlinien einer künftigen Wirtschaftsordnung in den westlichen Besatzungszonen zu beraten. Und weil er in diesen bewegten Monaten auch noch die Gründung eines Musikverlags auf den Weg brachte, erscheint das Jahr

1947 im Rückblick als das entscheidende Jahr in Günter Henles beruflicher Biografie. Industrieller, Politiker und Verleger zugleich: jede Aufgabe eine enorme Herausforderung, erst recht, wenn man bedenkt, dass auf allen drei Feldern erst einmal Aufbauarbeit zu leisten war.

Im Haus Hartenfels verbrachte Familie Henle die letzten Monate des Krieges.

# Die Gründung des Verlags

Es lässt sich nur vermuten, wann bei Günter Henle die Idee, einen Musikverlag zu gründen, konkrete Formen angenommen hat. Die ersten Pläne entstanden vermutlich in den Monaten nach dem erzwungenen Abschied von der Konzernspitze, als er unverhofft mehr Zeit hatte, sich mit der Musik zu beschäftigen, und in der er auch wieder regelmäßig seinen Münchner Lehrer Walther Lampe besuchte. Wohl lange vorher schon war er mit dem angebotenen Notenmaterial unzufrieden. „Die Ausgaben, die zur Verfügung standen, gingen zum überwiegenden Teil auf die großen Virtuosen des ausgehenden 19. Jahrhunderts und die von ihnen begründeten Schulen zurück. Sie waren vielfach mit Vortragsbezeichnungen aller Art so überladen, daß manches Werk in seiner Urgestalt unter dem Gestrüpp editorischer Zutaten kaum mehr zu erkennen war." (VD 9) Wenn bei Vortragsbezeichnungen nicht mehr zu unterscheiden ist, ob sie vom Komponisten festgelegt oder erst später von fremder Hand eingefügt wurden, wird die Interpretation in eine bestimmte Richtung gelenkt, die für sich ihr eigenes Recht, aber keine allgemeine Gültigkeit beanspruchen kann. Das schränkt die interpre-

***Rechte Seite*** In den Bearbeiterausgaben verschwindet die Intention des Komponisten hinter Fingersätzen, Vortragsbezeichnungen und Kommentaren des Herausgebers, die nicht als solche erkennbar sind.

*Dem Musikinstitut in Helsingfors*
*der Bearbeiter*

# 15 zweistimmige Inventionen

## 15 Two-part Inventions

English text by Louis Elson

## 15曲の2声のインヴェンション

訳　饗庭裕子

**Allegro**
Lebhaft und bestimmt
*Lively and decisive*
活発に、決然と

(BWV 772)

① Daß auf dem zweiten Achtel des Taktes ein ♯ vor dem *c* gestanden, wird hier von den Schülern beinahe regelmäßig vergessen. Die Erfahrung ließ die Wiederholung des ♯ vor dem zweiten *cis* dem Herausgeber notwendig erscheinen.
② Um eine Kollision beider Daumen auf derselben Taste zu vermeiden, kann das eingeklammerte *e* in der linken Hand durch eine Sechzehntel Pause ersetzt werden.

① That a sharp was placed before the second 8th. note in this measure, is almost always forgotten by the student. This experience seemed to indicate to the editor the necessity of rewriting *c* sharp at this point.
② To avoid a collision of the two thumbs on the same key the *e* in the parenthesis can be replaced by a sixteenth rest.

① この小節内、2つめの8分音符、*2点ハ*の音符の前に ♯ がついていたことを忘れてしまう学習者が多いという経験にもとづき、校訂者はここで、2つめの嬰ハの前にも ♯ を記しておく必要があるかもしれないと考えた。
② 両手の親指が同じ鍵盤の上でぶつかるのを避けるため、左手の（　）内の*1点ホ*は16分休符としてもよい。

tatorische Freiheit gravierend ein – was den damaligen Herausgebern offenbar nicht als Problem bewusst war.

Günter Henles Plan, einen eigenen Verlag für das Klavier- und Kammermusikrepertoire vom Barock bis zur Romantik zu gründen, dessen Ausgaben so genau wie irgend möglich die Vorstellungen der Komponisten wiedergeben, geht also zuallererst auf seine eigenen Erfahrungen als Pianist zurück. Gespräche mit befreundeten Musikern haben ihn darin bestärkt, das familiäre Vermögen bot finanziellen Rückhalt und schließlich lag der Musikalienmarkt nach den Kriegsjahren komplett darnieder – das erleichterte den Einstieg für einen Neuling, auch wenn sich mancher Beobachter die Frage stellte, was denn ein Stahlindustrieller in dieser Branche zu suchen habe.

Und tatsächlich war ja die Verlagsbranche für Günter Henle unternehmerisches Neuland. In seinem Schwager Helmut Küpper jedoch fand er einen erfahrenen Ratgeber. Günter Henle war von ihm schon beeindruckt, als er in die Familie Klöckner aufgenommen wurde: „Er war hochgebildet und kultiviert. Seine auffallend gute Erscheinung befand sich in vollkommener Harmonie mit seinem Wesen. Innerlich und äußerlich war er ein Herr. Die Beschäftigung mit geistigen und musischen Dingen war sein Lebensinhalt. (...) Der Einfluß, den er auf junge Menschen hatte, war groß; er bildete sie, ohne daß sie sich dessen bewußt waren." (WJ 53) Helmut Küpper hatte in Heidelberg – unter anderem – Germanistik studiert und stand dort dem George-Kreis nahe. Nach der Machtübernahme durch die Nationalsozialisten gab er seine Pläne für eine Habilitation auf und trat in Berlin in den Georg Bondi Verlag ein, den Hausverlag Georges und seiner Anhänger. Nach dem Tod des Verlegers führte er den Verlag unter seinem Namen weiter, ab 1946 mit einer britischen Lizenz in Bad Godesberg – was die zukünftige Zusammenarbeit mit Günter Henle enorm erleichterte, hatte doch der Klöckner-Konzern seine Verwaltung nach den Zerstörungen am Hauptsitz in Duisburg dorthin verlegt.

Günter Henle, das wird sich im Laufe der Geschichte des Verlags immer wieder zeigen, verfügte über ein großes Talent, Menschen für sich einzunehmen und hilfreiche Netzwerke zu bilden. Wir wissen wenig darüber, wann und wie er diese Kontakte knüpfte, die Vermutung liegt

nahe, dass ihm zunächst sein Lehrer Walther Lampe dabei behilflich war – und wahrscheinlich öffnete ihm auch seine Stellung bei Klöckner die eine oder andere Türe, solange sein Verlag noch nicht über die entsprechende Reputation verfügte. Wichtigster Berater in musikwissenschaftlichen Fragen wurde ihm der Kieler Ordinarius Friedrich Blume, der sich noch wenige Jahre zuvor anfällig für die Rassentheorie der Nationalsozialisten gezeigt hatte. Das musste Günter Henle hinnehmen, wollte er nicht auf dessen Expertise verzichten. Regelmäßigen Austausch pflegte er auch mit Hans Halm, dem langjährigen Leiter der Musikabteilung der Bayerischen Staatsbibliothek, und mit Joseph Schmidt-Görg, der das Archiv des Beethoven-Hauses in Bonn leitete. In juristischen und wirtschaftlichen Fragen konnte er sich auf Hans-Helmut Kuhnke verlassen, seinen persönlichen Mitarbeiter bei Klöckner.

Die Gründung eines Verlags musste von den alliierten Behörden genehmigt werden, die Erteilung einer solchen Lizenz konnte jedoch

Friedrich Blume, 1934 bis 1958 Professor für Musikwissenschaft an der Universität Kiel, war einer der einflussreichsten Akteure der deutschen Musikwissenschaft vor und nach 1945.

*Oben* Herzkammer des Wirtschaftswunders – und Geschäftssitz eines Verlags für musikalische Urtexte: Das Klöckner-Haus in Duisburg von 1953.

*Unten* Eine erste Adresse für perfekten Notenstich und -druck war über Jahrzehnte die Würzburger Universitätsdruckerei Stürtz.

lange dauern – deshalb beantragte Helmut Küpper am 27. Januar 1947 erst einmal nur, seinen bestehenden Verlag um ein Imprint namens Museion Musikverlag Duisburg zu erweitern, was ihm am 15. April genehmigt wurde. Damit war das rechtliche Fundament für den neuen Verlag gelegt, und als am 22. November die Besatzungsbehörden auch noch der Umbenennung des Imprints in „G. Henle Verlag" zustimmten, schien eine wichtige Etappe der Verlagsgründung erreicht.

Aber ein anderer möglicher Standort kam ins Spiel: In Leipzig warf Günter Henle ein Auge auf die Edition Peters. Gemeinsam mit seinem Schwager und Mitarbeitern der dortigen Klöckner-Niederlassung sah er sich in der traditionsreichen Musik- und Verlagsstadt um, vermutlich hielt ihn die unwägbare politische und wirtschaftliche Zukunft der Sowjetischen Besatzungszone jedoch davon ab, sich dort geschäftlich zu engagieren.

Die Lizenz war noch gar nicht erteilt und auch die Entscheidung über den Verlagssitz stand noch aus, als sich Günter Henle auf die Suche nach geeigneten Mitarbeitern machte. Anfang 1947 schlug er seinem Klavierlehrer Walther Lampe vor, an der Herausgabe von Mozarts Klavierwerken mitzuwirken, nach wenigen Wochen war ein Vertrag unterzeichnet. Im Börsenblatt für den Deutschen Buchhandel und in verschiedenen Zeitungen erschien im Frühjahr 1947 eine Anzeige, um für einen „neugegründeten Musikverlag" einen „kaufmännischen Verlagsleiter" zu finden, der, politisch unbelastet, mit „Fragen von Kalkulation, Herstellung und Vertrieb" vertraut war. Nebenher wurden auch die ersten Kontakte zu technischen Dienstleistern geknüpft: Die Würzburger Universitätsdruckerei Stürtz, in deren Verlagshaus Günter Henle bereits 1928 seinen Bericht über seine Reisen nach Patagonien und Feuerland veröffentlicht hatte, schien der ideale Partner für Notenstich und Druck, sie zählte auf diesem Gebiet zu den international führenden Spezialisten. Im Mai 1947 schließlich verkaufte Anne Liese Henle ein Aktienpaket der Klöckner-Werke, um das Verlagsprojekt ihres Mannes auch finanziell auf eine solide Grundlage zu stellen.

Als ersten Geschäftsführer verpflichtete Günter Henle den in München lebenden Friedrich Joseph Schaefer, ein gelernter Bankkaufmann, der bereits Erfahrung in der Verlagsbranche gesammelt hatte.

Am 1. Juli 1947 übernahm er seine neue Tätigkeit, am 1. Oktober sollte er nach Duisburg wechseln. Nicht ganz uneigennützig plädierte er allerdings für München als Verlagsstandort und fand bei Günter Henle offene Ohren: Er fühlte sich der Stadt seiner Kindheit und Jugend weiterhin sehr verbunden, außerdem waren dort am Prinzregentenplatz 14 in der Wohnung seiner Mutter noch Zimmer frei, in denen der Verlag unterkommen konnte. Im November beantragte er bei den amerikanischen Besatzungsbehörden eine Lizenz. Sitz der Verlagsleitung sollte aber Duisburg bleiben, wo Günter Henle an allen wichtigen Entscheidungen mitwirken konnte.

Friedrich Joseph Schaefer, Bankkaufmann mit Verlagserfahrung, war für Herstellung und Vertrieb verantwortlich, engagierte sich aber bald auch in anderen Bereichen der Verlagsarbeit.

Günter Henles Mutter Lida wohnte
am Prinzregentenplatz 14.

Das erste Münchner Verlagsbüro
war in Lida von Henles Wohnung
untergebracht.

Mit Friedrich Joseph Schaefer als Geschäftsführer kam die eigentliche Verlagsarbeit in Fahrt. Die ersten Editionen richteten sich nicht nur an pianistische Profis: Mozarts Klaviersonaten, ediert und mit einem Fingersatz von Walther Lampe, Schuberts Impromptus und Moments musicaux betreut von Walter Gieseking, schließlich Schuberts Sonatinen für Klavier und Violine, bei denen der Klavierpart von Günter Henle selbst betreut wurde, während für die Violinstimme Karl Röhrig verantwortlich war, der nun wieder als Konzertmeister die 1. Violinen der Duisburger Sinfoniker anführte.

Karl Röhrig, Erster Konzertmeister der Duisburger Sinfoniker, zählte zu den engen Vertrauten Günter Henles: als Partner bei der Kammermusik und als Herausgeber von Violinmusik.

# Der erste Auftritt: Mozart und Schubert

Die Vorbereitungen für die ersten Ausgaben waren also weit gediehen, nun hing alles davon ab, ausreichend Papier in der gewünschten Qualität zu beschaffen. Der Markt konnte die Nachfrage in den ersten Jahren nach dem Krieg kaum bedienen, Friedrich Joseph Schaefer organisierte die nötigen Mengen wohl auch auf dem Schwarzmarkt im Tausch gegen Zellulose, Kohle und Stahl. Und außerdem fehlte noch immer die Lizenz der amerikanischen Besatzungsbehörde, bei der Friedrich Joseph Schaefer regelmäßig vorstellig wurde. Ein Glück, dass Don Carlos Travis Jr. rechtzeitig dorthin versetzt wurde. Der Germanistikprofessor aus Texas begegnete Günter Henles Plänen mit großer Sympathie, am 20. Oktober 1948 war die Lizenz zur „Veröffentlichung von Musik und musikwissenschaftlichen Werken" unterzeichnet.

Nun konnten Stürtz die ersten Druckaufträge erteilt werden, rechtzeitig zu Weihnachten. 1948 lagen der erste Band von Mozarts Klaviersonaten und Schuberts Impromptus und Moments musicaux vor. Höchst zufrieden schrieb Friedrich Joseph Schaefer am 21. Dezember 1948 an Günter Henle: „Sehr geehrter Herr Doktor, ich hoffe, dass Sie inzwischen in den Besitz unserer ersten Bände gekommen sind, die Ih-

nen hoffentlich genau soviel Freude bereitet haben wie mir." Das Jahr habe „Kraft und Nerven bis zum Äußersten" gekostet und noch nicht alles genüge den hohen Ansprüchen des Verlags, man sei aber auf einem sehr guten Weg.

Der Beginn einer großen Verlagsgeschichte: der erste Band von Mozarts Klaviersonaten, die erste Urtextausgabe des G. Henle Verlags.

*) Akkord wohl irrtümlich mit zusätzlichem ais.
**) Akkord wohl irrtümlich mit zusätzlichem dis1/gisis1.

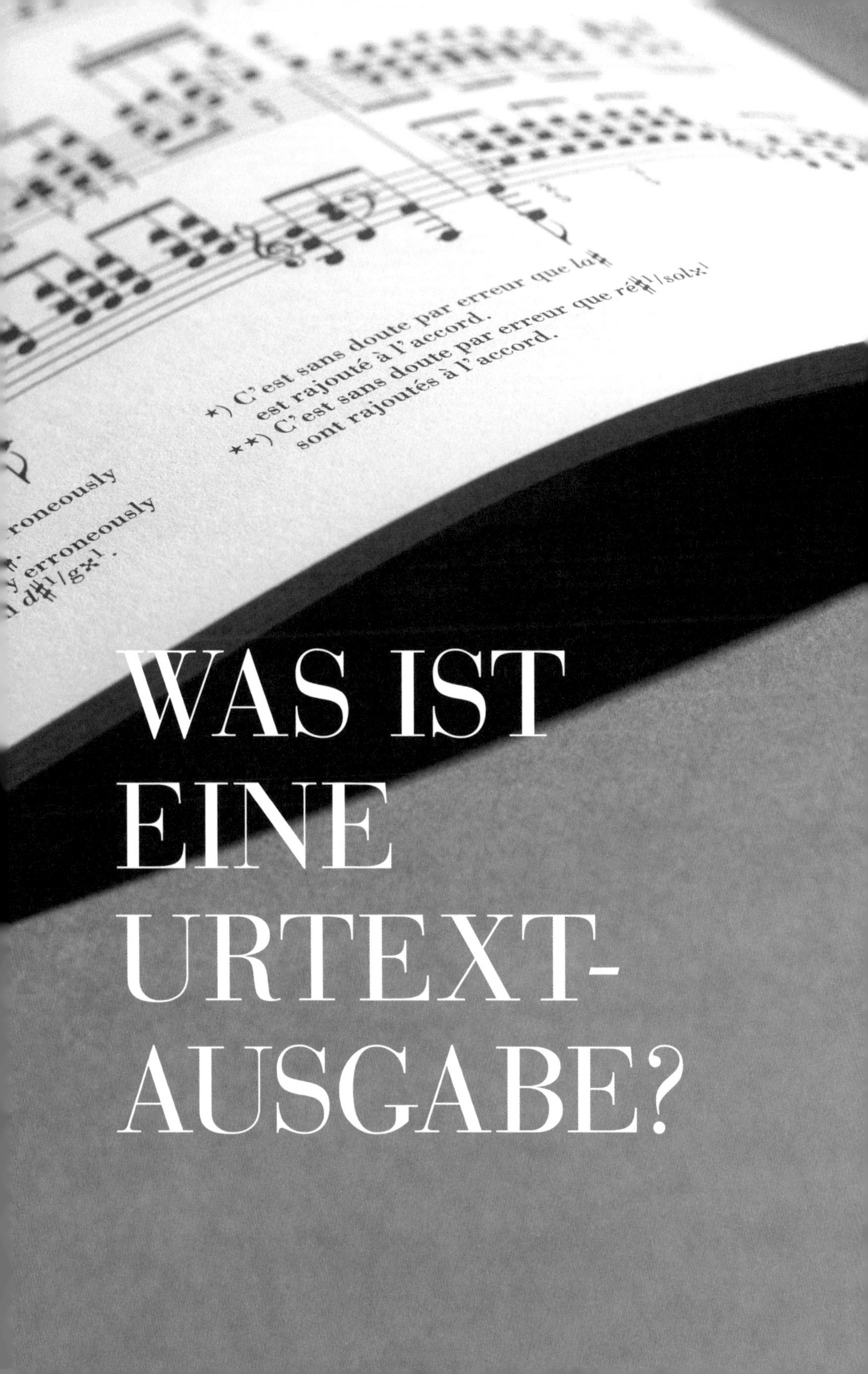


# WAS IST EINE URTEXT-AUSGABE?

# Aufbruch zu den Quellen: der Urtext

Günter Henle hatte sich beim Musizieren an den offenkundigen Fehlern und willkürlichen Hinzufügungen gestört, die er im gängigen Notenmaterial gefunden hatte. Allein das waren zwei starke Motive, Ausgaben zu publizieren, die der Intention des Komponisten möglichst nahekamen. In Günter Henles Erinnerungen finden sich aber auch beiläufige Bemerkungen, hinter denen man ein weiteres Motiv für sein verlegerisches Projekt vermuten kann. „Eine wichtige Aufgabe scheint mir weiter zu sein, so manches zu pflegen, was wir von unseren Vätern ererbt haben und an Wertvollem besitzen. Dazu gehört für ein Volk auch die Reinerhaltung seiner Sprache. Die unsere war im Dritten Reich völlig verwildert, und unter dem Besatzungsregime drohte ihr eine fremdsprachige Invasion." (WJ 161)

Und so entwickelte sich im Gespräch mit befreundeten Musikern die Idee, einen Verlag zu gründen, „dessen Aufgabe in der Herausgabe von Urtexten, vor allem unserer großen Meister der Klassik und Romantik (also etwa von Bach bis Brahms), bestehen sollte." (VD 12) Offenbar sah er wie viele andere seiner Generation in den kanonischen Werken deutscher Literatur, Kunst und Musik, die „unsere großen Meister" hinterlassen hatten, eine der wenigen Möglichkeiten für die Gesellschaft der Nachkriegszeit, an die Jahre vor dem Zivilisationsbruch von 1933 anzuknüpfen. Aus dieser Perspektive erscheint es dann nicht ganz so ungewöhnlich, drei Jahre nach dem Ende des Krieges, als es überall an allem fehlte, ausgerechnet einen Verlag für musikalische Urtextausgaben zu gründen.

Günter Henle berichtet an keiner Stelle von seinen Überlegungen, die ihn dazu brachten, den Begriff „Urtext" als Markenzeichen seines Verlags zu verwenden. Seine Bedeutung erschließt sich intuitiv: Es ist ein Text, aus dem sich durch gewollte (oder ungewollte) Veränderungen, durch Ergänzungen oder Kürzungen weitere Varianten entwickeln. Das Wörterbuch der Brüder Grimm zitiert für den ersten Beleg Johann Gottfried Herder, das Digitale Wörterbuch der Deutschen Sprache findet den Begriff besonders häufig in der altphilologischen und bibelwissenschaftlichen Forschung. Einen erstaunlichen Befund liefert die Frequenzanalyse für die Jahre 1770 bis 2020. Im Verlauf dieser 250 Jahre ist von „Urtext" in wissenschaftlichen Publikationen (und anderswo) mit Abstand am häufigsten zwischen 1940 und 1950 die Rede, in den Jahren also, als Günter Henle das Konzept für seinen Verlag entwickelte.

Vielleicht hielt er den Begriff auch deshalb nicht weiter für erklärungsbedürftig, weil bereits vor der Gründung seines Verlags Ausgaben angeboten worden waren, die für sich in Anspruch nahmen, den „Urtext" zu präsentieren. Zwischen 1895 und 1899 waren bei Breitkopf & Härtel, „herausgegeben auf Veranlassung und unter Verantwortung der Akademie der Künste in Berlin", „Urtexte klassischer Musikwerke" von Mozart, Beethoven, Chopin, Johann Sebastian Bach und Carl Philipp Emanuel Bach erschienen. Die Herausgeber, bedeutende Musikhistoriker und Musiker ihrer Zeit, kritisierten ebenso wie ein gutes halbes Jahrhundert später Günter Henle die üppigen Vortragsbezeichnungen der gängigen Ausgaben, die „dem schwächeren Können und unentwickelten Verständnis" entgegenkommen sollten – gemeint waren damit vermutlich die damals noch zahlreichen musikalischen Dilettanten.

Gut zwanzig Jahre später nahm auch die Wiener Universal Edition auf Anregung des musikwissenschaftlichen Privatgelehrten und Komponisten Heinrich Schenker textkritische Ausgaben in ihr Programm

auf. Obwohl in ihrem Anspruch und ihrer Konzeption den „Urtexten" von Breitkopf & Härtel vergleichbar, verzichteten sie auf diese Bezeichnung und kündigten lediglich im Untertitel an, dass der Notentext „Nach den Autographen und Erstdrucken rekonstruiert" sei. Das überrascht umso mehr, als Schenker „Urlinie" und „Ursatz" als elementare Strukturen tonaler Musik erkannt zu haben glaubte. Erst viel später, 1972, ging aus einer Kooperation der Universal Edition mit B. Schott's Söhnen der Verlag „Wiener Urtext Edition" hervor.

Auch Schenkers Schüler Otto Vrieslander verfolgte den Plan, „einen billigen Urtext" herauszugeben und stand dabei mit Anthony van Hoboken in Kontakt, der bis heute als Verfasser des Werkverzeichnisses von Joseph Haydn bekannt ist. Die Pläne zerschlugen sich, und sie werden hier auch nur erwähnt, weil sie erstaunliche konzeptionelle Ähnlich-

Heinrich Schenker, Privatgelehrter und Komponist, initiierte bei der Universal Edition textkritische Ausgaben, verzichtete aber auf den Begriff „Urtext".

keiten mit der späteren, erfolgreichen Verlagsgründung Günter Henles zeigen. Hoboken, als Sohn einer reichen Rotterdamer Familie finanziell unabhängig, hatte sich 1919 im Münchner Stadtteil Nymphenburg eine Villa gebaut und dort, beraten von Vrieslander, eine umfangreiche Sammlung von Fotografien musikalischer Autografen, Erst- und Frühdrucken untergebracht, am Ende die größte Privatsammlung ihrer Art. Zusammen mit einem 1927 gegründeten „Archiv für Photogramme musikalischer Meister-Handschriften" sollte es die für die Edition von Urtextausgaben nötigen Quellen verfügbar halten. Auch Schenker war in diese Aktivitäten involviert, die wiederum der Pianist Edwin Fischer mit großer Sympathie verfolgte – der Jahre später ein enger Vertrauter Günter Henles werden sollte. Ebenfalls zum Kreis um Schenker gehörte der Pianist Conrad Hansen, der später die Fingersätze für die erste

Conrad Hansen gehörte zum Kreis um Heinrich Schenker und sollte später Fingersätze für Henle-Urtextausgaben schreiben.

Der Pianist Edwin Fischer verfolgte alle Aktivitäten für textkritische Ausgaben mit großer Sympathie. Später zählte er zu den Freunden Günter Henles.

Henle-Ausgabe der Klaviersonaten Beethovens schrieb. (Mittlerweile liegt zu großen Teilen eine parallel dazu vertriebene Neuausgabe mit Fingersätzen von Murray Perahia vor.)

Den Begriff „Urtext" verwendete vor Henle schließlich auch der C.F. Peters Verlag, bei dem 1933 Ludwig Landshoffs textkritische Ausgaben der zweistimmigen Inventionen und dreistimmigen Sinfonien Johann Sebastian Bachs erschienen, 1937 folgte das Musikalische Opfer, die Ausgaben der Englischen Suiten und des Wohltemperierten Klaviers waren für 1939 angekündigt, sind aber nie erschienen. Landshoff starb 1941 im New Yorker Exil.

Dass all diese Versuche letztlich scheiterten, und damit auch die Absicht, ein breiteres Publikum für Ausgaben zu gewinnen, die strikt dem Willen des Urhebers entsprechen, mag unterschiedliche Gründe haben, bei denen man auch auf Vermutungen angewiesen bleibt. Bei Breitkopf & Härtel könnte es eine Rolle gespielt haben, dass die Urtexte im Gesamtprogramm stets nur ein Nischendasein geführt haben. Die traditionellen Bearbeitungsausgaben hatten bei Laien und Profis ihren festen Platz, sie wurden von einer Generation zur nächsten weitervererbt. Warum sollte dann nicht auch der Musikalienhandel weiter auf diese Ausgaben setzen? Heinrich Schenkers Versuche, bei der Universal Edition textkritische Ausgaben kanonischer Werke zu platzieren, kamen vielleicht auch deshalb nicht über erste Ansätze hinaus, weil sich der Verlag gerade in dieser Zeit programmatisch neu ausrichtete: eben nicht mehr „universal" auch dem historischen Repertoire verpflichtet, sondern dezidiert auf die Musik der Gegenwart fokussiert. Dass die von Ludwig Landshoff begonnene Reihe der textkritischen Bach-Editionen bei C.F. Peters nicht mehr weitergeführt wurde, ist ziemlich sicher mit dem Ausbruch des Zweiten Weltkriegs zu erklären, der vermutlich auch die Pläne Anthony van Hobokens zunichtemachte.

Ganz gewiss hat Günter Henle all diese Aktivitäten genau verfolgt und aus seinen Beobachtungen die richtigen Schlüsse gezogen. Sein Verlag sollte ausschließlich Urtextausgaben anbieten, diese aus der Nische befreien und als Standard etablieren, bei Profis genauso wie bei Amateuren. Damit verunsicherte er die Konkurrenz. Breitkopf & Härtel wollte ihm untersagen, den Begriff „Urtext" zu verwenden, weil in seinen Ausgaben auch Fingersätze und Bogenstriche vorgeschlagen wurden. Weil aber klar zu erkennen war, dass diese Hinzufügungen von auf dem Innentitel namentlich genannter dritter Hand stammten, musste dieser Versuch scheitern. Vielleicht war er auch nur Ausdruck eines Unbehagens, dass mit der „Klöckner-Musikfabrik", wie der G. Henle Verlag von manchen in der Branche abschätzig bezeichnet wurde, ein neuer, unberechenbarer Konkurrent auf dem Markt auftauchte? Im Rückblick hat dieser Neuling für die Branche tatsächlich eine Zäsur gesetzt. Urtextausgaben sind längst nicht mehr akademische Nischenprodukte, sie gelten vielmehr als verbindlicher Standard für alle Musikverlage. Ob dieser Standard immer konsequent eingehalten wird, ist freilich eine andere Frage.

Das Versprechen einer Urtextausgabe darf nicht missverstanden werden. Auch wenn ein Notentext mit größter Sorgfalt von Druckfehlern, willkürlich veränderten oder hinzugefügten Noten, dynamischen Bezeichnungen, Artikulationszeichen, Metronomangaben, Fingersätzen und anderem mehr befreit worden ist, wenn in akribischen philologischen Vergleichen verschiedene Lesarten einer Stelle einander gegenübergestellt worden sind und schließlich nach sorgfältigem Abwägen einer Variante der Vorzug gegeben wurde, kann der so entstandene Notentext nur beanspruchen, der Intention des Komponisten so nahe wie möglich zu kommen – was ja gar nicht wenig ist. Die letzte Sicherheit einer definitiven Fassung gibt es nicht, weil niemals auszuschließen ist, dass neue Forschungsergebnisse oder neu aufgefundene Handschriften die Fassung des Urtextes noch einmal verändern – vielleicht nur um Nuancen, aber immerhin. Wo es gerechtfertigt erscheint, legt der G. Henle Verlag dann eine revidierte Neuausgabe vor, um weiterhin den eigenen, strengen Ansprüchen an eine Urtextausgabe zu genügen. Schließlich ist es durchaus möglich, dass sich die Urtextausgaben ein und desselben Werkes in zwei verschiedenen Verlagen in Details unterscheiden, weil die Herausgeber an bestimmten Stellen die Quellen unterschiedlich bewertet haben.

Die gravitätisch klingende Vorsilbe „Ur" sollte also nicht zu dem Missverständnis verleiten, der Urtext beanspruche eine letzte Wahrheit. Im Gegenteil: Als philologische Konstruktion kann er kritisiert und, wenn die Argumente schlüssig sind, verändert werden. Außerdem legt eine Urtext-Edition ihre Entstehung offen. Das Vorwort liefert nur die nötigsten Informationen für die werkgeschichtliche Einordnung und geht dafür umso ausführlicher auf die Quellen ein, die zur Erstellung des Urtextes herangezogen wurden: Handschriften, Erstdrucke, Korrespondenzen, Notizen. Ein Stellenkommentar am Ende einer Ausgabe begründet, warum der Herausgeber eine bestimmte Version gegenüber einer anderen bevorzugt hat; wo solche Entscheidungen Konsequenzen für die Spielpraxis nach sich ziehen können, wird das im Notentext noch einmal vermerkt. Und sollte der philologische Befund der musikalischen Intuition widersprechen, gibt sich die Urtextausgabe auch hier transparent. Im dritten Satz des Streichquartetts op. 20 Nr. 1 von Joseph Haydn etwa wird die Bratsche im dritten Takt des dritten Satzes darauf hingewiesen, dass in Haydns Autograf zwar das dritte Achtel ein g sei, so wie auch im gedruckten Notentext wiedergegeben, dass aber aus musikalischen Gründen und unter Hinweis auf eine Parallelstelle das as zu Taktbeginn besser zum nächsten Takt übergebunden werden sollte. Damit bleibt es der individuellen Entscheidung überlassen, ob man sich an dieser Stelle streng an den philologischen Befund oder, eher pragmatisch, an die musikalische Logik halten möchte.

***Nächste Doppelseite*** „Ossia“: Urtextausgaben präsentieren auch mögliche Varianten einer bestimmten Stelle.

Ossia:

# Die Suche nach den Quellen

Die Herausgabe einer Urtext-Edition setzt voraus, dass ausreichend Quellen zugänglich sind. Man findet sie in Bibliotheken, in privaten Sammlungen und manchmal auch im Antiquariatshandel. Als Günter Henle 1948 seinen Verlag gründete, konnten die Voraussetzungen für die Suche nach Quellen schlechter nicht sein. Digitale Recherchen und über das Internet verfügbare digitalisierte Handschriften lagen außerhalb jeder Vorstellungskraft. Der Austausch mit Sammlungen und der Zugang zu den Quellen war durch die Folgen des Krieges massiv erschwert. Bibliotheksbestände und Kataloge waren vernichtet, geraubt oder, um sie vor einem solchen Schicksal zu bewahren, an sichere Orte gebracht worden, wo sie erst einmal nicht zugänglich waren, erst recht, wenn dieser Ort nun im anderen Teil Deutschlands oder in den ehemaligen Ostgebieten lag. Das galt besonders für die umfangreichen und wertvollen Bestände der ehemaligen Preußischen Staatsbibliothek in Berlin, die Handschriften von Mozarts Zauberflöte oder der ersten drei Sätze von Beethovens Neunter Sinfonie verwahrte. Reisen waren mühsam, fotografische Reproduktionen teuer und technisch aufwendig.

Günter Henle ließ sich nicht entmutigen. In dem für ihn typischen

*Rechte Seite* Die visuelle Spur des Komponisten: Beethovens Handschrift des Klaviertrios B-dur op. 97 („Erzherzog-Trio").

Andante cantabile ma però con moto
Verlags Nummer 2582.
am 11 Juni 1816.
Semplice

Tempo knüpfte er Verbindungen zu allen relevanten Bibliotheken in der Bundesrepublik, aber auch zum Bach-Archiv in Leipzig, zum Robert-Schumann-Haus in Zwickau und zum Liszt-Museum in Weimar. Sein Kontaktnetz spannte er außerdem nach Wien und Salzburg, nach Paris und London, zu den Bibliotheken in New York und Washington, Warschau, Moskau, Leningrad und Budapest. (VD 20) Angesichts der politischen Lage und der technischen Möglichkeiten in den frühen Jahren des Verlags war das eine eindrucksvolle Leistung. Bei der Entscheidung für München als zweiten Standort des Verlags mögen übrigens auch bibliotheksstrategische Gründe eine Rolle gespielt haben. Die Bayerische Staatsbibliothek verfügt traditionell über eine reiche Musiksammlung, 1949 wurde ihr – neben der Staatsbibliothek zu Berlin – von der Deutschen Forschungsgemeinschaft das bundesweite Sondersammelgebiet Musik zugewiesen.

Schwieriger als bei den Bibliotheken, die in den Nachkriegsjahren nach und nach ihre verbliebenen Sammlungen wieder zugänglich machen konnten, gestaltete sich die Suche nach Quellen in privaten Sammlungen. Die Bestände von Bibliotheken sind in Katalogen erfasst,

Das Verlagsarchiv umfasst Reproduktionen von rund 40 000 Quellen. Papierkopien, in Mappen gesammelt, werden in Archivschachteln aufbewahrt.

private Sammler zeigen sich aus ganz unterschiedlichen Gründen oft wenig geneigt, der Öffentlichkeit einen Blick in ihre Schätze zu gewähren. Günter Henle nennt allerdings einige recht interessante Namen: den Pianisten Alfred Cortot, der freilich nicht unbedingt durch Texttreue in die Interpretationsgeschichte eingegangen ist; Hans Conrad Bodmer in Zürich, dessen Sammlung, heute im Bonner Beethoven-Haus, mehr als ein Drittel der schriftlichen Überlieferung Beethovens umfasst; Anthony van Hoboken, der nach der Annektierung Österreichs durch die Deutschen mit seinen Archiven in die Schweiz gezogen war; den tschechischen Konsul und Geschäftsmann Otto Taussig, der in Malmö die größte private Sammlung von Schubertiana zusammengetragen hatte. (VD 20) In persönlicher Verbindung stand er auch mit Robert Owen Lehman, der lange Jahre die von seinem Großvater gegründete Lehman Brothers Investment Bank leitete. Zu den Spitzenstücken seiner Sammlung musikalischer Autografe zählte die Handschrift von Franz Liszts h-Moll Sonate, die er Günter Henle zur Erstellung einer Urtextausgabe und eines Faksimiles zur Verfügung stellte.

Die bedeutenden Sammlungen von Bodmer, Hoboken und Taussig waren professionell organisiert und mussten in dieser Hinsicht den Vergleich mit öffentlich zugänglichen Bibliotheken nicht scheuen. In seinen Erinnerungen erzählt Günter Henle freilich auch von Erlebnissen mit recht eigenwilligen Sammlern. Eine Hauptrolle spielt in diesen Geschichten immer wieder der „unermüdliche Herr Schaefer", Friedrich Schaefer also, der sich in München eigentlich um Herstellung und Vertrieb kümmern sollte. Auf der Jagd nach einem Manuskript ließ er sich nur ungern bremsen und nahm dabei auch die eine oder andere schwierige Situation in Kauf. Als Besitzerin der Handschrift von Mozarts unvollendetem Sonatensatz g-moll KV 312 hatte er eine Dame in der Schweiz ausgemacht, die ihm wiederholt beteuerte, keine Autografe zu besitzen. Friedrich Joseph Schaefer machte sich dennoch auf die Reise zu einem „Berghof am Fuße der Jungfrau", wo ihm ein Lederband mit der gesuchten Handschrift und mit kleineren Autografen von Beethoven, Haydn und Bach gezeigt wurde. Ein anderer Besitzer von Autografen wollte den ungebetenen Gast aus München mit Hunden von seinem Grundstück vertreiben, immerhin konnte Friedrich

Joseph Schaefer mit der Dame des Hauses ein Treffen in einem Café arrangieren und die gesuchten Handschriften zu guter Letzt „in einem Schuppen zwischen Kürbissen und Rüben" fotografieren. In einem weiteren Fall belässt Günter Henle es bei einer Andeutung: „Ein Satz einer Mozart-Komposition wurde sogar irgendwo unter Umständen fotografiert, die hier aus Diskretionsgründen nicht näher geschildert werden können." (VD 24)

Schließlich konnte man auch in Antiquariaten fündig werden. Eher zufällig entdeckte Günter Henle bei einem Zürcher Händler die Handschrift der ersten der drei Sonatinen für Violine und Klavier op. 137 von Franz Schubert, an deren Edition er gerade arbeitete. Ein spontaner Kauf kam offensichtlich nicht in Frage, und so verbrachte er zwei lange Abende im Büro des Antiquars, um in der Ausgabe eines anderen Verlags, die er sich rasch besorgt hatte, die Abweichungen von der Handschrift zu notieren. Die war allerdings unvollständig, es fehlten die letzten beiden Drittel des dritten Satzes. Ein glücklicher Zufall kam ihm zu Hilfe: Wenige Wochen später reiste er nach New York und fand bei einem dortigen Antiquar das fehlende Fragment.

Vermutlich war Günter Henle für den Klöckner-Konzern in den USA unterwegs, und offenbar nutzte er diese Reisen immer wieder, um Quellen für die Arbeit seines Verlags ausfindig zu machen. Überhaupt kamen die internationalen Niederlassungen des großen Konzerns gelegentlich dem kleinen Verlag zu Hilfe. Als in London eine wichtige Abschrift von Mozarts Klaviersonate c-moll KV 457 zur Versteigerung stand, wurde ein örtlicher Klöckner-Mitarbeiter beauftragt, diese Abschrift noch rasch zu fotografieren, bevor sie den Besitzer wechselte. Was er sich bei diesem für ihn wohl doch etwas ungewöhnlichen Auftrag gedacht haben mag, ist leider nicht überliefert. Günter Henle jedenfalls zeigt sich in seinen Erinnerungen dankbar: „Klöckner-Leute haben sich bei solchen Gelegenheiten übrigens schon öfters eingeschaltet und dabei kaufmännische und diplomatische Fähigkeiten außerhalb ihres eigentlichen Geschäftszweigs bewiesen. Ihrer Bewährung auch auf musischem Gebiete sei hier ein Denkmal gesetzt." (VD 24)

Die Suche nach Autografen stand in erster Linie im Dienst des Verlags, Günter Henle war zufrieden, von jedem der „großen Meister" eine

exemplarische Handschrift selbst zu besitzen. Wenn es möglich war, wurde für den Verlag eine Handschrift erworben, ansonsten begnügte man sich anfangs mit Fotografien, später mit Fotokopien und Mikrofilmen. Heute umfasst die mittlerweile komplett digitalisierte Sammlung rund 40 000 Quellen und zählt damit zu den weltweit größten in privatem Besitz. Sie wächst weiter, so wie auch das Verlagsprogramm zeitlich und geografisch längst über die Grenzen des klassisch-romantischen Repertoires hinausgewachsen ist. Doch nicht nur deshalb hat sich der Suchradius der Editoren ausgeweitet: Auch die Erwartungen an die Qualität der Ausgaben haben sich mit immer weiter verfeinerten Methoden der Textkritik gesteigert, was immer gründlichere Recherchen nach Textzeugen erfordert.

Ein Teil der Quellen ist auf Mikrofilm reproduziert.

# Die Arbeit mit den Quellen: Herausgeber und Lektoren

Der Urtext ist eine Konstruktion, bei der das beste verfügbare Quellenmaterial nach den Regeln der Philologie zusammengefügt wird. Je nach Überlieferungslage stellen sich dabei sehr unterschiedliche Anforderungen. Einige Werke Johann Sebastian Bachs zum Beispiel sind nicht in seiner Handschrift, aber in einer großen Zahl von Abschriften überliefert. Aus diesem Material durch kritischen Vergleich der Quellen einen Urtext zu destillieren, verlangt akribische philologische Arbeit und am Ende ein sicheres Urteilsvermögen. Von den sechs Sonaten für Violine solo von Eugène Ysaÿe dagegen liegt die handschriftlich korrigierte Stichvorlage für den Erstdruck vor. In seinem persönlichen Exemplar dieses Erstdrucks notierte Ysaÿe zahlreiche Korrekturen, die von späteren Ausgaben allerdings nicht mehr berücksichtigt wurden. Für den Herausgeber der Urtextausgabe war es somit im Vergleich zu anderen Editionen eine eher leichte Aufgabe, den Urtext um diese Änderungen zu ergänzen.

Hinter jeder Ausgabe steht ein federführender Herausgeber. Schon während der Arbeit am Urtext steht er in engem Austausch mit dem Lektorat. Lektoren des G. Henle Verlags treten aber auch regelmäßig



*Rechte Seite* Norbert Müllemann bei der Lektoratsarbeit.

selbst als Herausgeber in Erscheinung, als hoch qualifizierte Musikwissenschaftler bewegen sie sich mit den Herausgebern fachlich auf Augenhöhe.

Am Beginn der Arbeit stehen Recherchen, die sich oft über mehrere Jahre hinziehen können. Zuallererst ist zu entscheiden, auf welcher Grundlage die zu erstellende Urtextausgabe entstehen soll: Das kann die Erstausgabe sein, das Autograf (sofern zugänglich) oder eine oder mehrere Kopistenabschriften aus der Zeit des Komponisten. Aber auch Skizzen, verworfene Entwürfe und Fassungen, vom Komponisten

Arbeit am Detail: Vergleich von Quellen zur revidierten Urtextausgabe der Sonate h-moll op. 58 von Frédéric Chopin.

korrigierte Ausgaben, Tagebucheintragungen oder Briefe werden zu Rate gezogen – und selbstverständlich die musikwissenschaftliche Forschung. Alles, was in irgendeiner Form vom Komponisten direkt oder indirekt autorisiert wurde, ist von Relevanz. Nun wird Note für Note, Takt für Takt mit diesen Quellen verglichen. Als Redaktionsexemplar dient dazu oft die momentan beste Notenausgabe, gelegentlich auch – wenn es sich um die Edition der ersten Urtextausgabe überhaupt handelt – eine Reproduktion der Hauptquelle.

Wo es zu Abweichungen kommt, ist zu entscheiden, welche Version dem Willen des Komponisten am nächsten kommt. Wenn handschriftliche Quellen vorliegen, die der gedruckten Ausgabe widersprechen, etwa Abweichungen, die für eine fehlerhafte Lesung des Originalmanuskripts oder für Fehler beim Stechen der Druckplatten sprechen, liegt die richtige Lesart nahe. Der älteste Textzeuge muss freilich nicht der entscheidende sein, wenn sich etwa in der Erstausgabe handschriftliche Änderungen von der Hand des Komponisten finden. Welcher Textzeuge aber ist der älteste? In vielen Fällen muss erst einmal die Datierung der Quellen bestimmt werden, bevor über ihre Aussagekraft entschieden werden kann. Häufig genug widersprechen sich handschriftliche und gedruckte Überlieferung, aber beide „Lesarten" sind rein musikalisch betrachtet plausibel, lassen also nicht auf einen offenkundigen Schreib- oder Druckfehler schließen. In solchen Fällen ist mittels philologischer Methoden zu entscheiden, ob die historisch spätere Quelle tatsächlich den „besseren" Notentext wiedergibt, also dem endgültigen Willen „letzter Hand" des Komponisten entspricht.

Herausgeber und Lektorat beraten sich, wo immer Zweifel auftauchen, wie einzelne Quellen zu bewerten sind und welche Rolle sie für den entstehenden Urtext spielen sollen. Dieser Austausch und die Entscheidungen, die dabei getroffen werden, markieren die wichtigste Phase der editorischen Arbeit. Der Charakter der Quellen bringt es mit sich, dass zuweilen nur nach dem Kriterium der Plausibilität entschieden werden kann: im Bewusstsein, dass irgendwann eine bisher unbekannte Quelle auftaucht, die eine bestimmte Entscheidung bestätigen wird oder eine Revision erforderlich macht. In jüngerer Zeit ist es außerdem üblich geworden, dass bei besonders komplizierten Fragen auch

Künstlerinnen und Künstler um ihr Urteil gebeten werden. Ihre oft langjährige praktische Erfahrung mit einem Werk kann Argumente liefern, die einer rein philologischen Perspektive nicht in den Blick geraten.

Sobald Einigkeit über eine bestimmte Stelle erzielt worden ist, wird die entsprechende Korrektur in die Vorlage eingetragen. So entsteht nach und nach das Manuskript für den Notensatz. Die Gründe für die Favorisierung einer bestimmten Version gegenüber einer anderen werden genau protokolliert und später im Kommentar der Ausgabe dokumentiert. Dazu gehören natürlich auch Entscheidungen, die aus der Aufführungspraxis heraus getroffen worden sind. Nicht die Autorität ihres Herausgebers, sondern die Transparenz ihrer Entstehung verbürgt die Zuverlässigkeit einer Urtextausgabe.

Die Bewertung der Quellen macht nur einen Teil des Kommentars einer Urtextausgabe aus. Jede Ausgabe wird mit einer historischen Einordnung des Werkes eröffnet. Der „Kritische Bericht" liefert noch vor der Quellenbewertung eine Übersicht der verwendeten Quellen, das Lesartenverzeichnis listet die Abweichungen der Notentexte unterschiedlicher Quellen auf. Im Laufe der Jahre haben sich die Methoden der Musikphilologie immer weiter verfeinert, entsprechend fallen die Kommentare zu den Urtextausgaben immer umfangreicher aus – für ein internationales Publikum auf Deutsch, Englisch und – wenn es sich um französische Komponisten handelt – auf Französisch.

Außenstehende, auch ambitionierte Amateurmusiker, mag die Detailversessenheit von Urtextausgaben befremden und manchmal sogar amüsieren. In Günter Henles Erinnerungen finden sich jedoch gute Gründe für so viel Geduld und Präzision. Durch eine Untersuchung des Autografs von Beethovens Waldsteinsonate war ihm eine fehlerhafte dynamische Bezeichnung aufgefallen, die sich durch alle Ausgaben zog. „Der berühmte Beethoven-Spieler Edwin Fischer hatte diese Stelle immer so gespielt, wie sie in den Ausgaben zu lesen stand, obwohl er sich innerlich nie so recht mit dieser Darstellung befreunden konnte. Er hatte den gedruckten Notentext als verbindlich angesehen und sich ihm unterworfen. Als ich ihm meine Entdeckung mitteilte, schrieb er mir 1953 begeistert und erleichtert zugleich: ‚Ihre Mitteilung erlöst mich von einem immer als unmotiviert empfundenen Zwang, Beetho-

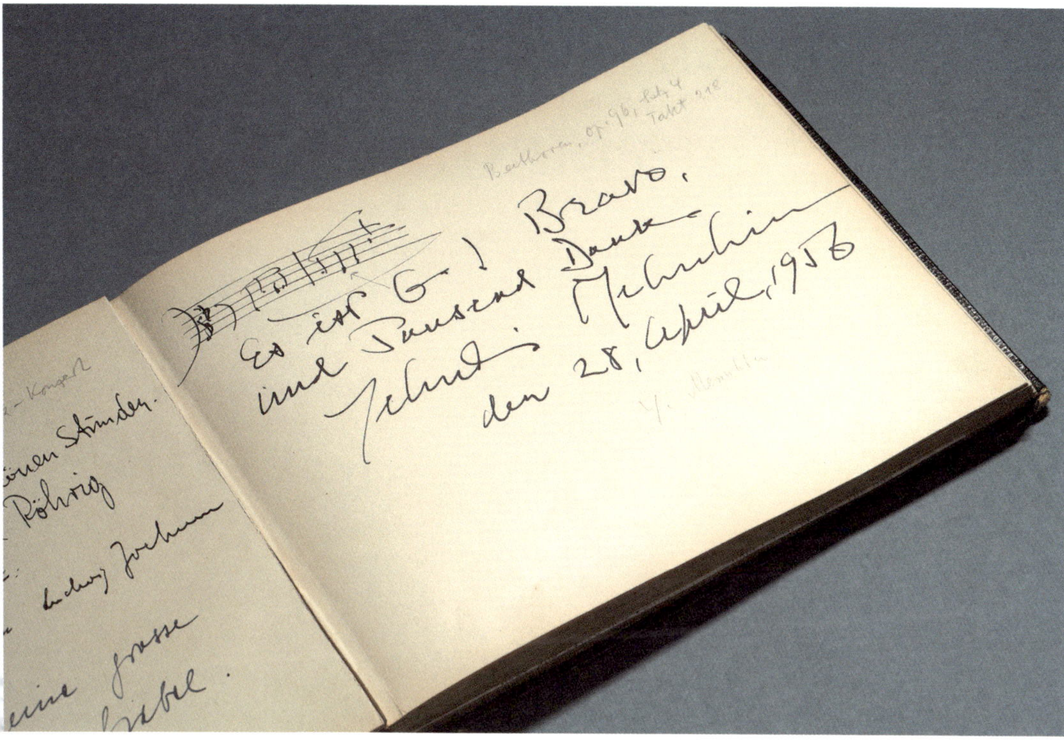


ven op. 53 Satz III Takt 321. So kann man also frohgemut das *ff* weiterführen'." (VD 12) Und am 28. April 1956 dankte Yehudi Menuhin für eine Korrektur im 4. Satz von Beethovens Violinsonate op. 96, Takt 218: „Es ist G! Bravo, und Tausend Dank." In allen früheren Ausgaben hatte an dieser Stelle ein Gis gestanden.

Große Erleichterung: Yehudi Menuhin bedankt sich im Gästebuch der Henles für die Korrektur eines Fehlers, der sich in allen Ausgaben von Beethovens Violinsonate G-dur op. 96 festgesetzt hatte.

# Fingersätze, Strichbezeichnungen: Urtexte nicht nur für Profis

Der Verzicht auf Vortragsbezeichnungen von dritter Hand rückt den Urtext näher an die Intention einer Komposition – er stellt aber auch höhere Anforderungen an die Interpretation. Professionelle Musikerinnen und Musiker haben es gelernt, auch für anspruchsvolle Stellen einen passenden Fingersatz oder einen praktikablen Bogenstrich zu finden, Amateure sind solchen Problemen oft nicht gewachsen. Nun wäre es aber schon in ökonomischer Hinsicht widersinnig, wenn Urtextausgaben nur von Profis verwendet werden könnten. Fingersätze und Strichbezeichnungen sind denn auch kein Tabu, solange klar ist, dass sie von dritter Hand stammen. Darauf wird in der Titelei hingewiesen, einige Ausgaben werden sogar mit zwei Stimmen ausgeliefert, einmal mit und einmal ohne spieltechnische Hinzufügungen. Die eleganteste Lösung freilich bieten die digitalen Ausgaben des G. Henle Verlags für das Tablet, bei denen man nicht nur zwischen einer oder mehreren bezeichneten und einer unbezeichneten Version wechseln, sondern auch eigene Eintragungen vornehmen kann.

Eine herausragende Rolle als Henle-Fingersetzer kommt einem Pianisten zu, der als Pädagoge seine Wirkung eher im Hintergrund als

auf dem Konzertpodium entfaltete. Hans-Martin Theopold hatte lange gezögert, bis er Günter Henles Bitte nachkam, für den Verlag Fingersätze anzufertigen. 1955 endlich übernahm er diese Aufgabe für den ersten Band der Urtextausgabe von Schuberts Tänzen für Klavier. Aber dann ging es Schlag auf Schlag, in fast dreißig Jahren steuerte er zu 226 Urtextausgaben die Fingersätze bei, denen weltweit Millionen Pianistinnen und Pianisten folgen sollten. Damit nimmt er eine singuläre Stellung in der Geschichte des Verlags ein.

***Oben*** Die Henle App bietet vielfältige Möglichkeiten, eigene oder fremde Fingersätze ein- und auszublenden.
***Nächste Doppelseite*** Hilfreich nicht nur für die Jugend: Fingersätze in Schumanns Album für die Jugend.

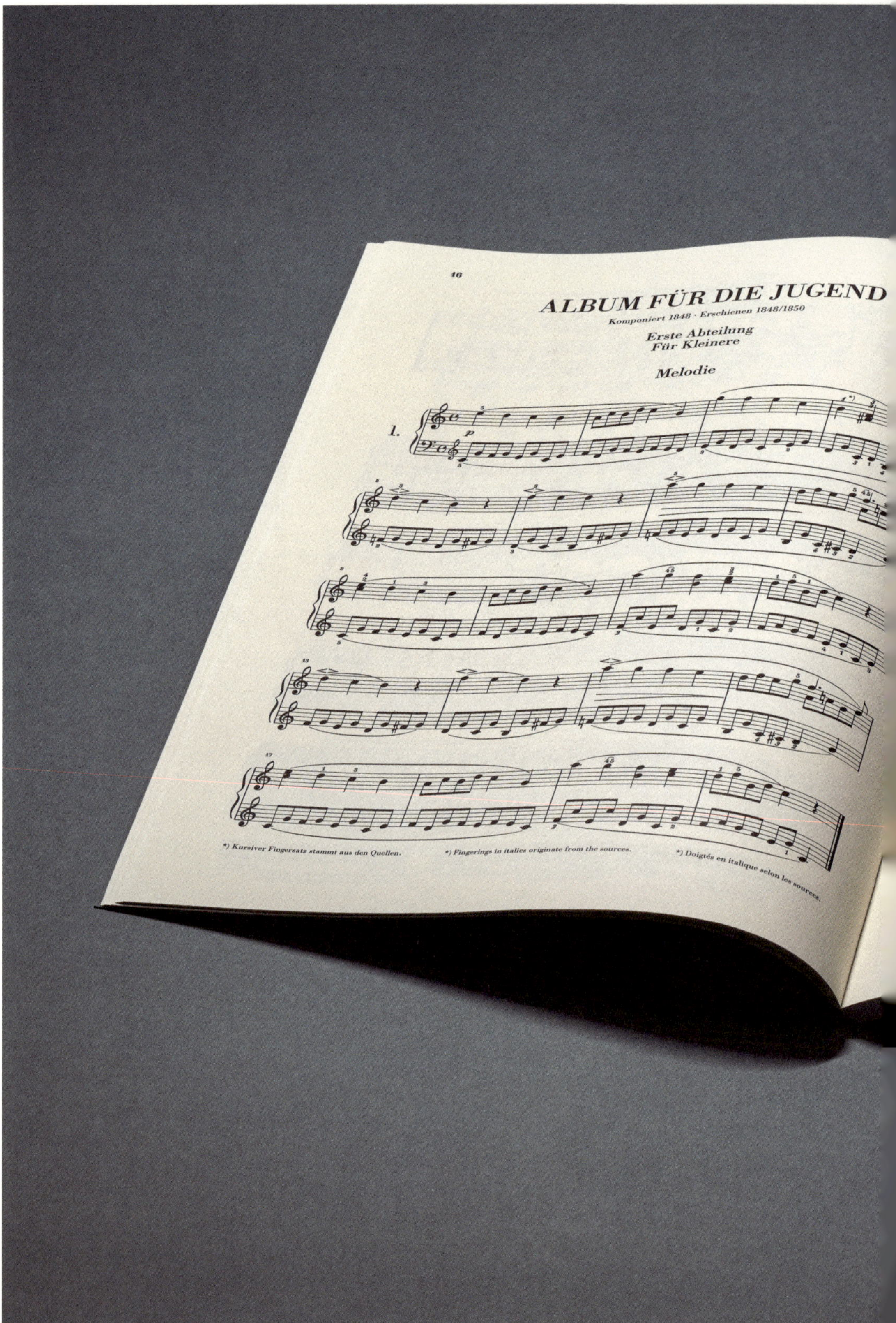
16
ALBUM FÜR DIE JUGEND
Komponiert 1848 · Erschienen 1848/1850
Erste Abteilung
Für Kleinere
Melodie
1.
*) Kursiver Fingersatz stammt aus den Quellen.
*) Fingerings in italics originate from the sources.
*) Doigtés en italique selon les sources.

Soldatenmarsch
Munter und straff
2.
17

Allerdings sind auch Fingersätze nicht für die Ewigkeit gemacht, sie werden von jeder nachwachsenden Generation kritisch überprüft und in Frage gestellt. Bei der von Georg Feder verantworteten dreibändigen Neuausgabe der Klaviersonaten Joseph Haydns, erschienen 2020, hat der Verlag den Fingersatz bezeichnenderweise nicht einer Person anvertraut, vielmehr haben 55 Pianistinnen und Pianisten für je eine Sonate die Patenschaft – und damit auch die Erarbeitung der Fingersätze – übernommen, darunter Evgeny Kissin, Igor Levit, Murray Perahia, András Schiff und Daniil Trifonov. Für die digitale Henle Library sind auch historische Fingersätze verfügbar, für Mozarts Klaviersonaten etwa von Béla Bartók und Camille Saint-Saëns, für Beethovens Violinsonaten von Fritz Kreisler.

Für César Francks Violinsonate A-dur konnte 1975 Yehudi Menuhin für Fingersatz und Bogenstriche gewonnen werden, für die revidierte Neuausgabe von 2016 Daniel Hope. Günter Henle suchte die Zusammenarbeit mit großen Musikerinnen und Musikern nicht nur wegen deren Erfahrung in Fragen der Interpretation, sie waren auch willkommen, um dem mehr oder weniger latenten Misstrauen gegenüber dem Quereinsteiger im Notengeschäft zu begegnen. Davon kann schon lange keine Rede mehr sein, vielmehr können diese Kooperationen inzwischen als weiteres Charakteristikum für die Ausgaben des G. Henle Verlags gelten.

***Linke Seite*** Der Name Hans-Martin Theopold mag nur Fachleuten ein Begriff sein. Seine Fingersätze jedoch prägten eine ganze Generation von Pianistinnen und Pianisten.

2
Carmen
Violine
Introduction
Allegro moderato
Erschienen 1882
pizz.
arco

Opus 25
Violine

# Notensatz, in Blei und digital

An die optische Gestaltung der Notenausgaben stellte Günter Henle genauso hohe Ansprüche wie an die Qualität des musikalischen Urtextes selbst. Mag sein, dass dabei auch der Respekt vor den „großen Meistern" eine Rolle gespielt hat, deren Werke er in visuell angemessener Form präsentieren wollte. Nach dem auf der Verlags-Homepage deklarierten Selbstverständnis jedenfalls zählen auch „ein exzellentes, ansprechendes Notenbild", „optimale musikpraktische Einrichtungen (Wendestellen, Fingersätze)" und eine hochwertige, langlebige Ausstattung zu den Charakteristika einer Urtextausgabe. Auch seine Erfahrungen als Pianist, der die oft eng gesetzten, manchmal schwer lesbaren Ausgaben des 19. Jahrhunderts studiert hatte, mögen Günter Henle dazu gebracht haben, sich ganz persönlich mit Fragen der Herstellung zu beschäftigen. „Klarer, übersichtlicher Notenstich, ausgewogene Raumaufteilung der Seiten, gut leserliche Schrifttypen, ästhetisch ansprechende Gestaltung der Schrifttexte (Titel, Vorwort usw.) – das alles waren Entscheidungen, denen ich besonderes Interesse zuwandte." (VD 14)

Die wichtigsten Geschäftspartner für den neu gegründeten Verlag

*Rechte Seite* Ein „exzellentes, ansprechendes Notenbild" wünschte sich Günter Henle für die Urtextausgaben seines Verlags.

THEMA

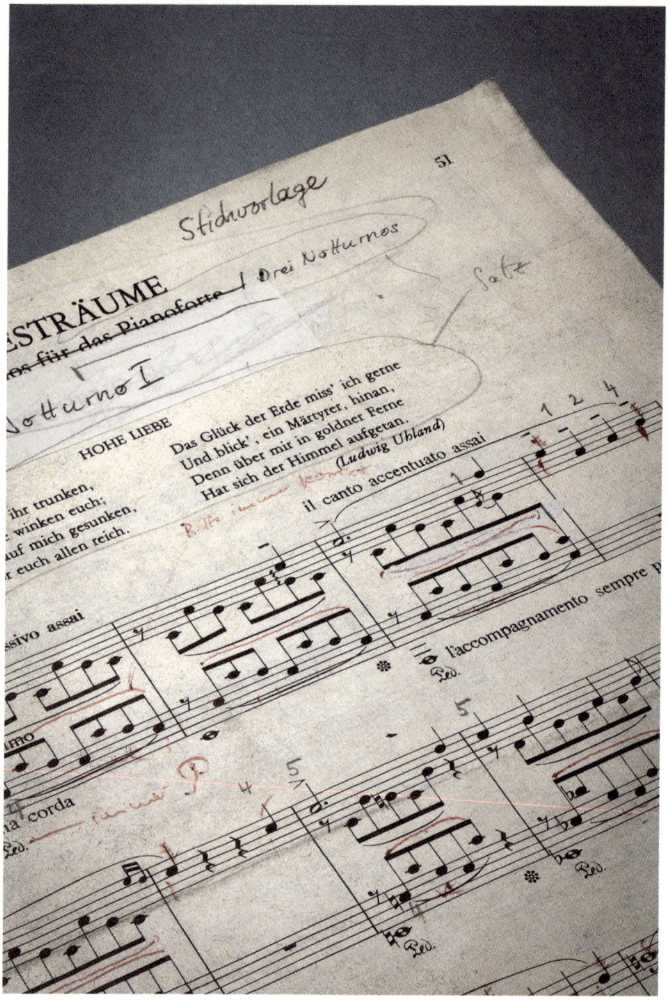


Als Stichvorlage dient hier das handschriftlich korrigierte Exemplar einer früheren Ausgabe.

waren unter diesem Aspekt die Notenstechereien, hoch spezialisierte Unternehmen, die durch die Digitalisierung des Notendrucks in den frühen 1990er Jahren von der Bildfläche verschwunden sind. Der G. Henle Verlag arbeitete bis Ende der 1990er Jahre mit Notenstechereien, noch bis 2007 zählte der Notenstecher in Deutschland zu den anerkannten Ausbildungsberufen. Er verlangte musikalisches Verständnis, handwerkliches Geschick und ein ausgeprägtes visuelles Vorstellungsvermögen. Günter Henle lag es am Herzen, die Kunst des Notenstichs zu perfektionieren und den beruflichen Nachwuchs zu fördern: „Da ich gerade auf die Vollendung des Stichs und dessen ästhetisch einwandfreie Gestaltung großes Gewicht lege, haben wir durch unsere ständi-

Ein verschwundenes Kunsthandwerk: Der Arbeitstisch eines Notenstechers, heute im Verlagsmuseum.

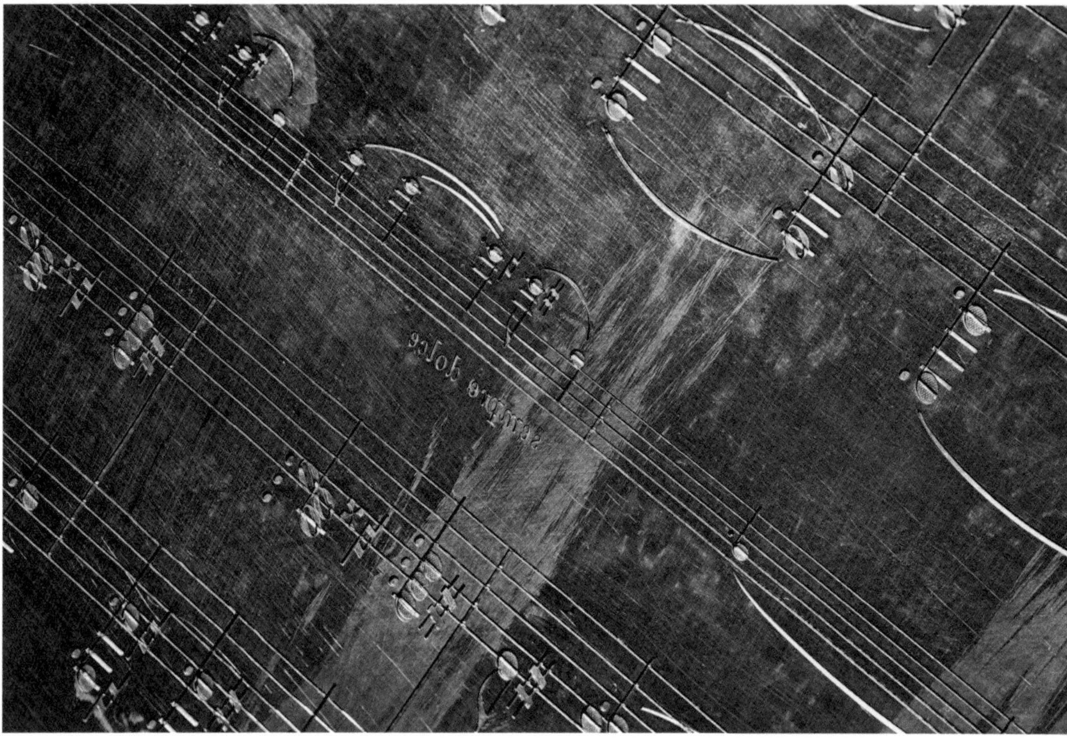

gen hohen Anforderungen und Verbesserungswünsche an der Erziehung einer ganzen Gruppe von Notenstechern mitgewirkt, die heute fast ausnahmslos für Arbeiten meines Verlags eingesetzt werden und einen erheblichen Fortschritt in diesem kunsthandwerklichen Gewerbe mit sich gebracht haben." (VD 16) Die ersten Aufträge für den Notenstich vergab Günter Henle, wie bereits erwähnt, an die Universitätsdruckerei H. Stürtz in Würzburg. Später gingen Aufträge auch an andere Stechereien wie Brandstetter in Leipzig oder Friedrich Schwöbel in der Nähe von Darmstadt.

Beim Notenstich wurde das Notenmanuskript auf ca. 1,5 mm dicke

Die große Kunst der Notenstecher bestand nicht zuletzt darin, das Notenbild spiegelverkehrt auf die Stichplatte zu übertragen.

Stichplatten aus einer Blei-Zinn-Antimon-Legierung übertragen. Zunächst war die Aufteilung der Seiten zu bestimmen, damit man am Ende einer rechten Seite umblättern kann, ohne das Spiel zu unterbrechen. War der Umbruch festgelegt, konnte die eigentliche Arbeit mit der vertikalen Aufteilung der Seite beginnen. Bei der Anordnung der Notenzeilen musste der Notenstecher auf den spezifischen Charakter eines Werkes eingehen. Hilfslinien oben und unten, Vortragsbezeichnungen oder Gesangstexte erfordern einen größeren Abstand der Notenzeilen; ein geschickter Notenstecher verstand es allerdings, solche Unregelmäßigkeiten im Sinne eines harmonischen, ästhetisch anspre-

Seite um Seite: Stichplatten im Verlagsarchiv.

chenden Seitenbildes auszugleichen. Die fünf Notenlinien wurden mit einem Spezialwerkzeug, dem mit fünf Zinken versehenen Rastral, in die Platte eingeritzt. Nun kam ein reichhaltiges Sortiment von Stempeln zum Einsatz, um nach der Vorlage des Manuskripts Schlüssel, Vorzeichen, Taktbezeichnungen, Noten, Akzente, dynamische Angaben und Vortragsbezeichnungen in die Notensysteme einzutragen – und zwar spiegelverkehrt. Die Noten im idealen Abstand zu platzieren, gehörte zur Kunst des Notenstechers, ebenso Taktstriche und Bindebögen präzise mit einem Stichel zu ziehen.

***Oben*** Mit den Zinken des Rastrals wurden die Notenlinien gezogen.
***Rechte Seite*** Ein besonders schöner Stempel: der Violinschlüssel.

Fach 38
FACH 27
Fach 39

Mit der Durchsetzung des digitalen Notensatzes Ende der 1990er Jahre geriet dieses kunsthandwerkliche Wissen und Können in Vergessenheit. Mit dem Satzprogramm „Amadeus Music Software" wurde zunächst bei den Gesamtausgaben gearbeitet, erst später auch bei den Urtextausgaben. Mittlerweile sind auch die Satzprogramme „Sibelius" und „Finale" im Einsatz. Die ersten Abzüge kamen nun nicht mehr von einer Druckplatte, sondern aus einem digitalen Drucker. Die anschließenden Arbeitsgänge freilich sind gleich geblieben: Je ein Abzug geht an den Herausgeber und an das Lektorat, um mit der Druckvorlage verglichen zu werden. Beide Korrekturen werden kollationiert, also zusammengeführt, und erneut ausgedruckt. Nun wird in einem weiteren Korrekturgang, wieder mit Rückgriff auf die Druckvorlage, die Ausführung der Korrekturen überprüft, am Ende können neun Korrekturgänge nötig sein, bis die Vorlage zum Druck freigegeben werden kann.

In digitalen Satzprogrammen lassen sich Korrekturen relativ umstandslos ausführen. Zu Zeiten des Notenstichs war das komplizierter: Das fehlerhafte Zeichen wurde mit einer Zange auf der Rückseite der Stichplatte markiert und mit dem passenden Stempel wieder zurückgeschlagen. Nachdem die Vorderseite geglättet und die Notenlinien nachgezogen waren, konnte dort nun das korrekte Zeichen eingeschlagen werden.

*Vorherige Doppelseite* Große Musik, auf Blei fixiert: im Verlagsarchiv.

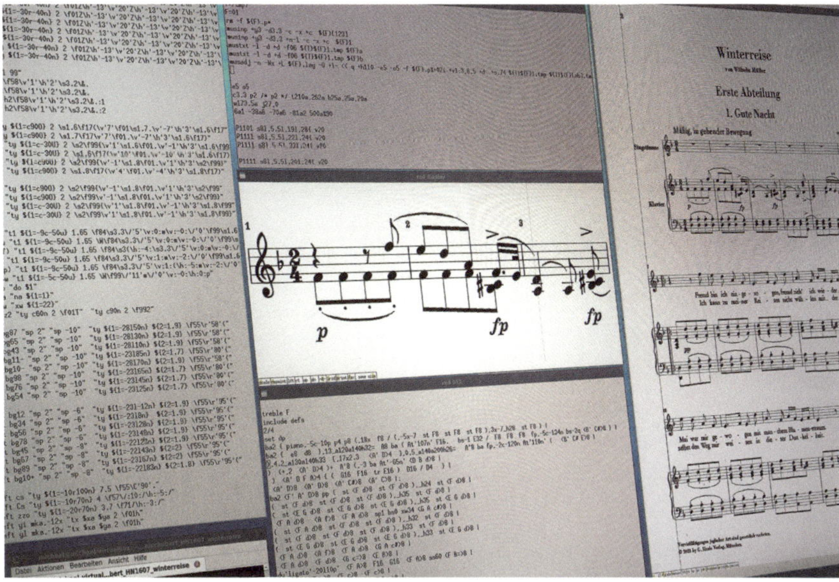

Digitaler Notensatz: Michael Nowotny bei der Arbeit an Schuberts Winterreise.

# Klassisch und modern zugleich: Typografie und Layout

Auf die Typografie der Urtextausgaben wurde die gleiche Sorgfalt gelegt wie auf das Notenbild. Günter Henles Wahl fiel auf die Bodoni Antiqua, beraten wurde er dabei von dem Darmstädter Typografen Paul Pfauder, der zum Beispiel auch bibliophile Ausgaben von Werken Rainer Maria Rilkes und Ernst Barlachs gestaltet hatte. Günter Henles Perfektionismus duldete keine Kompromisse: Weil ihm bei Worttexten die Qualität des Satzes, wie sie von Notenstechereien geliefert wurde, nicht genügte, beauftragte er für die Texte eine andere Setzerei, um schließlich bei der Herstellung der Druckvorlagen den Notentext mit dem Worttext zu verbinden. „Dieses Verfahren hat sich bewährt und wird von uns seit langem angewandt. Zwar werden dadurch die Korrekturarbeiten etwas erschwert und weitere Fehlerquellen eröffnet, aber es ergibt sich doch ein ungleich ansprechenderes Gesamtbild." (VD 14)

„Als Farbe des Einbands wählte ich jenes Taubenblau, das heute in aller Welt als Kennfarbe meiner Ausgaben bekannt ist." (VD 14) So einfach ging das im Jahr 1947, unberührt von allen Aspekten der Marktforschung und der Corporate Identity, die heute bei Entscheidungen über das Design eines Produkts berücksichtigt werden wollen. Das Tauben-

*Rechte Seite* Klassisch, zeitlos und elegant: die Einbandgestaltung der Urtextausgaben.

Beethoven
Fünf berühmte Klaviersonaten
Pathétique, Trauermarsch, Mondschein
Pastorale und Sturm
Urtext
Five Famous Piano Sonatas
Pathétique, Funeral March, Moonlight, Pastorale
and Tempest
G. Henle Verlag
1392

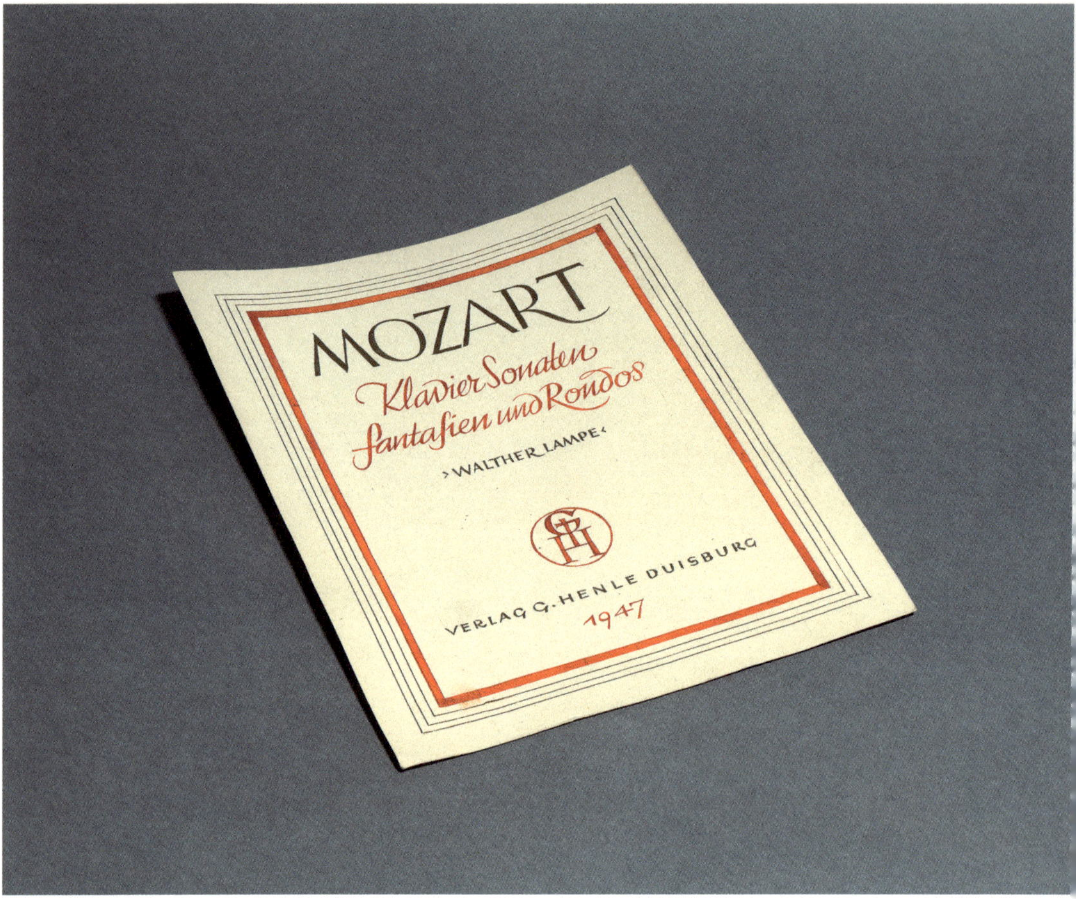


Ein früher Entwurf unterscheidet sich noch wenig von den Ausgaben anderer Verlage.

blau blieb als visuelle Marke des Verlags bis in die Gegenwart unverändert, es sendet das erste, eindeutige Signal, dass man eine Ausgabe des G. Henle Verlags vor sich hat – und man wird kaum einen vernünftigen Grund finden, an diesem Erscheinungsbild etwas zu ändern.

Günter Henles Erinnerungen vermitteln den Eindruck, er habe diese wichtige Entscheidung ganz allein getroffen. Für die Gestaltung der Einbände ließ er sich von verschiedenen Grafikern Entwürfe zeigen, seine Wahl fiel auf Joseph Lehnacker aus dem Umkreis der Bremer Presse. 1911 gegründet, spielte sie eine zentrale Rolle in der Buchkunst des frühen 20. Jahrhunderts, von 1920 bis zu ihrer Schließung 1934 war sie in München ansässig. Auch Lehnacker wählte die Bodoni und platzierte den Namen des Komponisten, den Titel des Werkes, den Hinweis auf den Urtext, das Verlagssignet und die Verlagsangabe mittig auf dem Einband. Kombiniert mit dem Taubenblau des Hintergrunds verbindet dieses Layout die wissenschaftliche Nüchternheit einer Urtext-Edition mit dem kanonischen Rang der Werke und der Zeitlosigkeit einer Schrift aus der Renaissance.

Die erste Version des Verlagssignets wurde von Johannes Boehland entworfen, sie konterkariert mit ihren altertümelnden Initialen aus einer Fraktur die zurückhaltende Noblesse von Lehnackers Layout. Boehland

Paul Pfauder war für Günter Henle ein wichtiger Berater in allen Fragen der Typografie.

Die Entwürfe für das Verlagssignet stehen im Kontrast zu Joseph Lehnackers klassisch anmutender Umschlaggestaltung.

war ein erfolgreicher Grafiker, der auch von den Nationalsozialisten geschätzt wurde. Er entwarf Plakate für das Winterhilfswerk und das Logo der Olympischen Sommerspiele in Berlin 1936, seine Gemälde waren 1940 in der Großen Deutschen Kunstausstellung im Münchner Haus der Kunst zu sehen. Nach dem Krieg konnte er seine Lehrtätigkeit an Hoch- und Meisterschulen in Berlin und Wiesbaden fortsetzen, in Fachkreisen lobte man ihn nun als soliden, wenn auch nicht besonders originellen Gebrauchsgrafiker. Günter Henle wusste sicher von Boehlands Nähe zu den Nationalsozialisten, dass er sich trotzdem für ihn entschieden hat, war für den Pragmatismus der frühen Jahre nach dem Krieg nicht ungewöhnlich: Auf vielen Feldern gab es eben kaum noch Spezialisten, die, vom Nationalsozialismus unbelastet, den Krieg überlebt hatten.

Johannes Boehland zeigte sich von modernen Tendenzen der grafischen Gestaltung wenig beeindruckt.

Rolf Müller modernisierte die Umschlaggestaltung von Joseph Lehnacker.

Erst im Jahr 2000 wurden die Einbände behutsam neu gestaltet. Rolf Müller behielt die Schrift und den taubenblauen Fond bei, verschob aber den Namen des Komponisten und den Hinweis auf den Urtext nach links, den Werktitel, auf Deutsch und nun – etwas kleiner – auch auf Englisch, rückte er ebenfalls linksbündig so weit nach rechts ein, dass sich Verlagsname und das nun ebenfalls neu gestaltete Signet wieder in der Mitte der Seite finden.

Paul Pfauder, Joseph Lehnacker und Rolf Müller kommen historisch und ästhetisch aus ganz unterschiedlichen Welten. Wir wissen nicht, wie der Kontakt zu Pfauder und Lehnacker zustande kam, mag sein, dass Günter Henles Schwager Helmut Küpper eine Rolle gespielt hat, der ja aus dem Umfeld von Stefan George kam, wo die Buchkunst eine große Rolle spielte. Bemerkenswert ist das Ergebnis: Denn die erste Generation der Henle-Umschläge verbreitet eine eher konservative Aura der Klassizität, wie sie sich Günter Henle für „unsere großen Meister" gewünscht haben mag. Genauso aber steht diese reduktionistische Gestaltung für die ästhetische Modernisierung der Bundesrepublik in den 1950er Jahren.

Vergleicht man die Umschläge des G. Henle Verlags dieser Zeit mit den ornamental überladenen Umschlägen anderer Musikverlage, wird der radikale Bruch mit deren Vergangenheit augenfällig. Erst 1959 erschienen die ersten Bände der Bibliothek Suhrkamp, deren von Willy Fleckhaus gestaltete Umschläge programmatisch den Geist der Moderne ausstrahlen, aber ähnlich angelegt sind wie Lehnackers Entwurf für Günter Henle. Rolf Müller, der die zweite Generation der Einbände entworfen hat, war Absolvent der Ulmer Hochschule für Gestaltung und Schüler von Otl Aicher. Am Beginn seiner Karriere war er an der Entwicklung des visuellen Erscheinungsbilds der Olympischen Spiele in München 1972 beteiligt und galt bald als einer der wichtigsten Grafikdesigner seiner Generation. Konsequent entwickelte er die Modernität von Lehnackers Entwurf weiter – vielleicht wäre es gar nicht so abwegig, den G. Henle Verlag in eine Reihe zu stellen mit Suhrkamp, Braun oder Bulthaup, die auf anderen Feldern ihren Beitrag zur visuellen Modernisierung der Bundesrepublik geleistet haben?

Umschlag, Vorwort, Notentext und kritischer Apparat verbinden sich zu einer visuellen Einheit, die nicht nur optimale Lesbarkeit, sondern auch Zeitlosigkeit im ganz praktischen Sinne anstrebt, schließlich kann ein Notenband ein ganzes musikalisches Leben begleiten und vielleicht an Kinder und Enkelkinder weitergegeben werden. Einige Ausgaben werden sogar auch in Leinen angeboten: die Klaviersonaten von Mozart, Beethoven und Haydn, dazu das gesamte Klavierwerk von Schumann und Debussy oder Jubiläumsausgaben wie Préludes und Etudes-Tableaux zu Rachmaninows 100. Geburtstag im Jahr 2023. Insgesamt sind ungefähr fünfzig Bände in dieser edlen Ausstattung parallel zur broschierten Ausgabe lieferbar, allesamt Spitzenwerke ihrer Gattung.

Nachdem die Druckvorlagen die letzten Korrekturen durchlaufen haben, werden die Filme für den Offsetdruck angefertigt, der – auch verglichen mit digitalen Verfahren – noch immer die höchste Qualität verspricht. Die Papiere für den Umschlag und für die Noten selbst werden nach einer geheimen Rezeptur hergestellt, müssen sie doch sehr unterschiedlichen Anforderungen gerecht werden: sie dürfen bei Bühnenbeleuchtung nicht blenden, dürfen nicht durchscheinen, sollen beim hektischen Umblättern nicht reißen und auch einmal vor Nervosität feuchte Finger tolerieren. Fadenheftung schließlich stellt sicher, dass die Ausgaben, wenn sie noch neu sind, nicht ungewollt zuklappen oder, wenn sie häufig benutzt und in die Jahre gekommen sind, auseinanderfallen. Eine Urtextausgabe soll immer auch praktisch sein, so hat es sich schon Günter Henle gewünscht.

Immer wieder haben große Interpreten die ästhetische Qualität der Urtextausgaben aus dem G. Henle Verlag gerühmt: „Die Ausgaben sind wirklich ganz ausgezeichnet, sowohl im Inhalt als auch in der äußeren Form. Die werkgetreue Wiedergabe des Notentextes (…) und der so klare, deutliche Stich macht den Gebrauch der Noten zu einer reinen Freude" (Erich Kleiber); „What a joy it is to work with your editions. They are the most logical, musically speaking, and the planning and printing are of the utmost clarity …" (Isaac Stern); „… je suis heureuse de les (les œuvres) posséder dans leur forme originale, magnifiquement éditées et présentées …" (Clara Haskil); „Wenn die Augen über die großen, übersichtlichen, freundlichen Notenzeilen einer Henle-

Ausgabe gleiten, dann hüpft einem die Musik gleich noch unmittelbarer ins Ohr …" (Lorin Maazel); „in der äußeren Form besticht nicht nur der (nach wie vor) gestochene Notentext mit seiner klaren, schönen Anordnung …" (Paul Badura-Skoda).

*Oben* Drei Ausstattungen: Leinenband, broschierter Pappumschlag und Studienpartitur.

*Nächste Doppelseite* Auch bei der Auswahl des Papiers und der Qualität der Bindung gelten bei Henle-Urtextausgaben die höchsten Ansprüche.

# DIE ENTWICK-LUNG DES PROGRAMMS

Beethoven · Streichquartett op. 130, Große Fuge op. 133
Beethoven · Streichquartett op. 127
Beethoven · Streichquartett op. 131
Beethoven · Streichquartett op. 132
Beethoven · Streichquartett op. 135
Händel · Fugen für Klavier
rahms · Sonaten, Scherzo und Balladen
rahms · Streichquartette op. 51
rahms · Streichquartett op. 67
ersdorf · Kontrabasskonzert „E-dur" (Klavierauszug)
· Mephisto-Walzer
t · Flöte-Harfe-Konzert KV 299 (Klavierauszug)
rt · Streichquintette I
t · Klarinettenquintett KV 581

# Eine Enzyklopädie „unserer großen Meister“

Schon mehrfach zitiert wurde Günter Henles Diktum, er wolle mit seinem Verlag „unseren großen Meistern" von Bach bis Brahms mit mustergültigen Ausgaben ein Denkmal setzen. Das klingt zunächst nach einer bestechend klaren Programmidee, zumal die Urheberrechte dieser großen Meister 70 Jahre nach deren Tod frei und keine Honorare zu zahlen sind. Vielleicht kannte Günter Henle die Bibliothèque de la Pléiade des Pariser Verlags Gallimard, in der seit 1931 die wichtigsten Werke der Weltliteratur in mustergültigen Ausgaben erscheinen. In seinem enzyklopädischen und editionsphilologischen Anspruch kann sich sein Verlag mit diesem Unternehmen messen.

Die Konzentration auf die großen Meister und die Jahrhunderte zwischen Bach und Brahms entspricht Günter Henles eigenen musikalischen Vorlieben: Zur Musik des 20. Jahrhunderts fand er kaum einen Zugang. Ob er sich jemals Gedanken darüber gemacht hat, dass er mit dieser Beschränkung die Entwicklungsmöglichkeiten seines Verlags erschwert hat, wissen wir nicht. Der Verlag aber hätte gewiss nicht seine heutige Größe und Bedeutung erreicht, wenn er auf nicht ganz so große, aber eben verkäufliche Meister wie Karl Stamitz oder Carl

***Linke Seite*** Eine Enzyklopädie der europäischen Musikgeschichte: Angelika Schaub, Mitarbeiterin im Vertrieb, vor den gesammelten Urtextausgaben im Foyer des Verlags.

Ditters von Dittersdorf verzichtet und seinen zeitlichen Horizont mit den Werken der Neuen Wiener Schule oder Béla Bartóks nicht doch bis ins 20. Jahrhundert ausgeweitet hätte. Unausgesprochen galt auch eine zweite Beschränkung. Der Schwerpunkt des Programms lag von Anfang an auf der Klaviermusik, erst mit der Zeit öffnete es sich auch den Streichern und Bläsern samt kammermusikalischen Besetzungen, mit und ohne Klavier. Orchester- und Chormusik findet sich nur in den großen Werkausgaben und in den Studienpartituren.

Den Anfang machten Ende 1948, wie erwähnt, die Klaviersonaten von Wolfgang Amadeus Mozart, herausgegeben von Walther Lampe, dazu Schuberts Impromptus und Moments musicaux, herausgegeben von Walter Gieseking. Schon 1950 erschien Johann Sebastian Bachs Wohltemperiertes Klavier, 1952 lagen in zwei Bänden Beethovens Klaviersonaten vor. Das ist ein atemberaubendes Tempo, auch wenn die textkritische Arbeit in diesen frühen Jahren noch nicht so elaboriert war wie in späterer Zeit. Immerhin erst 1961 folgten die ersten beiden Bände von Franz Schuberts Klaviersonaten, 1972 Joseph Haydns Klaviersonaten in drei Bänden. Damit waren wichtige Teile des pianistischen Hauptrepertoires als Urtexte ediert.

Aber fehlen da nicht noch ein paar Namen? Dass man sich im 20. Jahrhundert über Robert Schumanns musikalischen Rang noch streiten konnte („Er begann als Genie und endete als Talent“, so der mittlerweile weitgehend vergessene Komponist Felix Draeseke), kann man sich heute kaum mehr vorstellen. Günter Henle hat sich, wie übrigens auch Wilhelm Furtwängler, energisch für ihn eingesetzt. Mit den Albumblättern op. 124 beginnt 1957 die intensive Beschäftigung des Verlags mit Schumanns Klavierwerk. Wurden gegen Schumanns Werke dessen psychische Erkrankung ins Feld geführt, ließ so mancher Kritiker Felix Mendelssohn Bartholdys auch nach 1945 seinem Antisemitismus freien Lauf: als inhaltlich unverbindlich, doch ohne seelische Substanz, wurde seine Musik noch in einer 1973 erschienenen Musikgeschichte abgetan. Schon 1969 waren bei G. Henle die Sechs Kinderstücke op. 72 erschienen, nach einer Reihe von Einzelausgaben ist nun Felix Mendelssohn Bartholdys Klavierwerk in einer dreibändigen Auswahlausgabe versammelt.

*Rechte Seite* Die Urtextausgaben haben dazu beigetragen, dass Schumanns kompositorischer Rang heute außer Zweifel steht.

Schumann
Urtext
Kinderszenen Opus 15
Album für die Jugend
Opus 68
Scenes from Childhood op. 15
Album for the Young op. 68
G. Henle Verlag

Es war Günter Henle ein Anliegen, dass Franz Liszts Kompositionen nicht nur als Vermächtnis eines Virtuosen abgetan wurden.

Neben Robert Schumann und Felix Mendelssohn Bartholdy lag Günter Henle auch Franz Liszt besonders am Herzen. Viel zu lange sei er als Komponist im Schatten des Virtuosen gestanden, und es sei ja auch wahr, „daß sich in dem umfangmäßig gewaltigen Œuvre eine große Anzahl von Werken befindet, die nur oder überwiegend dazu bestimmt waren, rein virtuosen Bedürfnissen zu dienen und an die deshalb ein musikalischer Wertmaßstab nicht unbedingt anzulegen ist. Aber es gibt auch Kompositionen, bei denen hinter ihrem äußeren virtuosen Schein beachtenswerter musikalischer Gehalt verborgen liegt (...).“ (VD 34) Zwischen 1978 und 1980 erschienen die drei Bände der Années de pèlerinage, heute liegen alle wichtigen Klavierwerke Franz Liszts als Urtextausgaben vor.

Noch bis weit ins 20. Jahrhundert wurden gegen Mendelssohn Bartholdys Musik antisemitische Stereotypen ins Feld geführt.

Die Klaviermusik stand und steht im Zentrum des Verlagsprogramms, aber auch Streicher konnten bald aus Urtextausgaben musizieren. Zunächst die Cellisten: Schon 1949 lagen Johannes Brahms' Sonaten für Klavier und Violoncello op. 38 und op. 99 vor, außerdem Schuberts Sonatinen für Klavier und Violine, herausgegeben von Günter Henle und Karl Röhrig. Parallel zu den entsprechenden Solowerken für Klavier erscheint 1955 Beethovens Violinsonate op. 24 (Frühlingssonate), 1956 folgen Mozarts Violinsonaten. Von den 1970er Jahren an können auch Holz- und Blechbläser auf immer mehr Urtextausgaben zurückgreifen, für kammermusikalische Besetzungen genauso wie für Sololiteratur.

Weil sich aber der Verlag – mit Ausnahmen erst in jüngerer Zeit, nämlich Evgeny Kissin und Marko Tajčević – auf Komponisten beschränkt, deren Rechte 70 Jahre nach deren Tod frei waren, lagen von einem bestimmten Zeitpunkt an die Werke der „großen Meister" in enzyklopädischer Vollständigkeit als Urtextausgaben vor. Das Programm musste sich also in andere Richtungen fortentwickeln. Schon Günter Henle engagierte sich auf Anregung des in Böhmen geborenen Rudolf Serkin für die Klaviermusik böhmischer Komponisten der Beethovenzeit, namentlich Josef Anton Steffan, Anton Reicha, Václav Jan Tomášek und Jan Václav Voříšek. Auf ungewöhnliche Weise kamen Felix Mendelssohn Bartholdys Orgelsonaten zur Ehre einer Urtextausgabe: Edward Heath, britischer Premierminister von 1970 bis 1974 und hoch begabter Organist zugleich, hatte Günter Henle bei der Deutschen Gesellschaft für Auswärtige Politik getroffen und dort den Wunsch nach dieser Edition geäußert – er wurde ihm prompt erfüllt.

Im Laufe der 1980er Jahre erweiterte sich das Verlagsprogramm zeitlich und räumlich. Werke der Bach-Söhne Carl Philipp Emanuel, Johann Christian und Wilhelm Friedemann füllen die zeitliche Lücke zwischen ihrem Vater und den Komponisten der Wiener Klassik, mit einer vierbändigen Ausgabe der Sonaten von Domenico Scarlatti ergänzte ein weiterer zentraler Werkkomplex der Klavierliteratur das Programm. Immer mehr Rechte für Kompositionen des frühen 20. Jahrhunderts wurden frei: Die Werke von Max Reger, Arnold Schönberg, Alban Berg und Anton Webern zählten schon zu den Klassikern der Moderne, als sie nun auch als Henle-Urtextausgaben erscheinen konnten.

Anton Reicha und andere böhmische
Komponisten wurden Günter Henle
von Rudolf Serkin ans Herz gelegt.

Alban Berg war der erste Vertreter
der Neuen Wiener Schule im
Programm des Verlags.

Geografisch war das Verlagsprogramm in seinen ersten Jahrzehnten mit wenigen Ausnahmen auf den deutsch-österreichischen Raum konzentriert, durchaus in Widerspruch zum Repertoire des Konzertbetriebs und auch des privaten Musizierens. Nach und nach vervollständigten nun Werke etwa von Antonín Dvořák, Peter Tschaikowsky, Modest Mussorgski, César Franck und Edvard Grieg das Angebot.

Unter den Erstausgaben des Verlags ragen zwei Werke aus dem Programm heraus. 1982 entdeckte der Komponist und Musikwissenschaftler Ellwood Derr in der Bibliothek der University of Michigan in Ann Arbor das Autograf der drei letzten Sätze eines Klaviertrios des jungen Claude Debussy, das als verschollen galt. Zwei Jahre später fand er in der Pierpont Morgan Library in New York die Handschrift des ersten Satzes und der Cellostimme – damit war das Werk komplett und konnte 1986 erstmals erscheinen. Wenige Jahre später machte der Oboist Georg Meerwein in Berlin und Krakau ein Manuskript des jun-

Aus den Erstausgaben des Verlags ragt ein frühes Klaviertrio von Claude Debussy heraus.

gen Wunderkinds Ferruccio Busoni ausfindig: sechs Charakterstücke für Klarinette und Klavier, wohl zwischen 1877 und 1879 für den Vater geschrieben, einen professionellen Klarinettisten. 1992 nun lagen die Noten zum ersten Mal gedruckt vor.

Erst in jüngster Zeit erfahren Komponistinnen die gleiche Aufmerksamkeit und Anerkennung wie ihre männlichen Kollegen. Nur wenige Frauen fanden vorher das Selbstvertrauen, in diese Männerdomäne einzudringen – den Freiraum für ihre kompositorische Arbeit mussten sie sich oft genug erst erkämpfen. Als Urtextausgaben liegen Werke von Clara Schumann und Fanny Hensel vor.

Immer häufiger berücksichtigt die Programmentwicklung auch weniger verbreitete Instrumente, den Kontrabass etwa, die Viola, die Harfe oder das Altsaxofon. Angeregt werden solche Ausgaben immer wieder von Künstlern, die mit der Literatur ihres Instruments intensiv vertraut sind und außerdem als Hochschullehrer die speziellen Bedürfnisse der Studierenden kennen – so etwa fanden die Zwölf Walzer für Kontrabass solo von Domenico Dragonetti ins Programm, wunderbare Salonmusik und Pflichtstück zugleich für alle, die Kontrabass studieren. Ganz gezielt für den Unterricht erschienen seit 2015 in der Reihe „Am Klavier" Sammelausgaben mit leichter Klaviermusik des 18. und 19. Jahrhunderts, außerdem kleine und leichte Duos von Ignaz Pleyel für zwei Violinen, aber auch klassische Etüden von Jakob Dont, Rodolphe Kreutzer (Violine), Jean-Louis Deport und Sebastian Lee (Violoncello). Damit hat sich der Verlag ein Stück weit von seiner ursprünglichen Programmatik entfernt, sichert sich aber verlässliche Umsätze – und gewöhnt schon die Anfänger an seine Ausgaben mit dem blauen Einband.

Ein völlig neues musikpädagogisches Konzept verfolgt die Henle Masterclass, die seit 2023 angeboten wird und sich in erster Linie an Studierende richtet. In Videos erklären erfahrene Künstlerinnen und Künstler, wie sie spieltechnisch komplizierte Stellen bewältigen. Den Anfang macht Klavier- und Violinliteratur von der Barockzeit bis ins frühe 20. Jahrhundert, das Angebot soll auf weitere Instrumente ausgeweitet werden.

Mit rund 1500 Urtextausgaben von ungefähr 6300 Werken ist der G. Henle Verlag 2023 Weltmarktführer.

Jenseits der Meisterwerke: Mit Etüden und Unterrichtsliteratur bindet der Verlag den Nachwuchs an sein Programm.

Im Foyer des Verlags präsentieren
sich die großen Gesamtausgaben.

# Die großen Gesamtausgaben

Zu den Vorläufern der Idee musikalischer Urtextausgaben zählen die Gesamtausgaben großer Komponisten, wie sie in der zweiten Hälfte des 19. Jahrhunderts bei Breitkopf & Härtel entstanden sind: etwa für die Werke Johann Sebastian Bachs (1854–1899), Ludwig van Beethovens (1862–1865), Wolfgang Amadeus Mozarts (1877–1883) oder Franz Schuberts (1884–1892). Schon diesen Ausgaben lagen text- und quellenkritische Untersuchungen zugrunde, deren man sich dann aber nur gelegentlich für das übrige Verlagsprogramm bediente.

Ein großes Desiderat blieb bis in die Mitte des 20. Jahrhunderts eine Gesamtausgabe der Werke Joseph Haydns. Noch zu dessen Lebzeiten veröffentlichte Breitkopf & Härtel ab 1799 unter dem Titel „Œuvres completes" in zwölf Bänden das Klavierwerk, 1802 widmete Ignaz Pleyel Napoleon eine in Paris gedruckte Ausgabe sämtlicher (seinerzeit Haydn zugeschriebener) Streichquartette. Eine erste wissenschaftliche Gesamtausgabe startete 1907, wurde aber 1933 nach nur elf erschienenen Bänden wieder eingestellt. Ein zweiter Anlauf der Haydn Society scheiterte nach vier 1951 und 1952 erschienenen Bänden.

Die Initiative für einen erneuten Anlauf ging von Friedrich Blume aus, dem Berater Günter Henles in allen Fragen der Musikwissenschaft. 1955 wurde er zum Gründungsvorsitzenden des Joseph-Haydn-Instituts gewählt, das zunächst im Klöckner-Haus in Duisburg untergebracht war und die Ausgabe auf den Weg bringen sollte. Das Amt des Schatzmeisters übernahm Günter Henle, er kümmerte sich um organisatorische, juristische und finanzielle Belange und unterstützte das Institut mit privaten Mitteln. Außerdem konnte er den Kölner Oberstadtdirektor Max Adenauer (ein Sohn des Bundeskanzlers) für das Projekt gewinnen, der dem Institut mietfrei städtische Räumlichkeiten vermittelte. Mit der Haydn-Ausgabe stieg Günter Henle in den Kreis der Verleger großer Gesamtausgaben auf, wobei die Aufführungsmaterialien der Bärenreiter Verlag übernahm, der in diesem Bereich auf größere Erfahrungen zurückgreifen konnte. In Köln, wo das Institut bis 2022 seinen Sitz hatte, wurden für die wissenschaftlichen Mitarbeiter der Ausgabe ein Archiv und eine Bibliothek aufgebaut. 1958 erschien der erste Band, seit 2022 ist die Haydn-Ausgabe mit 112 Bänden abgeschlossen. Nicht nur die Forschung, auch das Publikum profitiert von einem solch umfassenden Unternehmen. Zugegeben: Die beliebte Kindersinfonie, die Streichquartette op. 3 und jenes Divertimento, das Johannes Brahms das Thema zu seinen Haydn-Variationen lieferte, gelten nach der kritischen Arbeit der Gesamtausgabe nicht länger als Werke Joseph Haydns. Dafür sind nun einige Opern, Kantaten für das Haus Esterházy, 126 Baryton-Trios und rund 400 Bearbeitungen britischer Volkslieder als Werke Haydns neu zu entdecken.

Und auch dem Verlag eröffnete die Ausgabe neue Perspektiven. Von der Mitte der 1970er Jahre an waren in neun Bänden die für die Gesamtausgabe erarbeiteten Urtexte der Streichquartette erhältlich, damit hatte die wichtigste Kammermusikbesetzung mit einem Hauptwerk ihren Platz im Verlagskatalog. Das private und öffentliche Musizieren profitierte ganz direkt von der musikwissenschaftlichen Forschung – das gilt nicht nur für die Haydn-Ausgabe.

1959, wenige Jahre nach der Gründung des Joseph-Haydn-Instituts, bewilligte die Landesregierung von Nordrhein-Westfalen die Anschubfinanzierung einer neuen Gesamtausgabe der Werke Ludwig van Beethovens. Sie konnte auf die Bestände des 1927 in Bonn gegründeten Beethoven-Archivs zurückgreifen, erster Herausgeber wurde Joseph Schmidt-Görg, seit 1948 (und bis 1965) Professor für Musikwissenschaft an der Universität Bonn und seit 1945 (und bis 1972) Leiter des Beethoven-Hauses. Der Zuschlag für die verlegerische Betreuung ging an den G. Henle Verlag, dafür war wohl nicht nur dessen Expertise in der Herausgabe von Urtexten ausschlaggebend, sondern auch dessen Verdienste um die Herausgabe des Verzeichnisses der Werke Beethovens von Georg Kinsky und Hans Halm 1955. Die Ausgabe ist auf 56 Bände angelegt, von denen bis 2023 39 Bände erschienen sind. Das Aufführungsmaterial für die Orchesterwerke wird von Breitkopf & Härtel betreut.

Die Werke von Johannes Brahms wurden erstmals 1926 bis 1928 von der Gesellschaft der Musikfreunde in Wien herausgegeben. Dass es in dieser kurzen Zeit kaum möglich war, das Gesamtwerk in anspruchsvollen Urtexten zu edieren, kann nicht weiter überraschen. Im Laufe der 1970er Jahre engagierten sich verschiedene Seiten für eine neue Gesamtausgabe, die allen modernen Ansprüchen an eine solche Edition genügen sollte. Erst 1985 konnte nach langem Hin und Her ein Trägerverein für diese Arbeit gegründet werden, die inzwischen das musikwissenschaftliche Institut der Universität übernommen hat; als federführender Verlag konnte sich G. Henle wiederum in Kooperation mit Breitkopf & Härtel gegen andere Konkurrenten durchsetzen. Besonders engagiert hat sich für dieses Projekt der damalige Verlagsleiter Martin Bente, es war das erste Editionsprojekt dieser Größenordnung, das nach dem Tod von Günter Henle 1979 akquiriert werden konnte. Die Ausgabe ist auf 67 Bände angelegt, 36 davon sind bis 2023 erschienen.

Béla Bartók ist der erste Komponist des 20. Jahrhunderts, dessen Gesamtausgabe vom G. Henle Verlag betreut wird. Bevor der erste Band dieser „Kritischen Gesamtausgabe" 2016 erscheinen konnte, musste Wolf-Dieter Seiffert, der Nachfolger Martin Bentes, Abmachungen mit den Originalverlagen von Bartóks Werken (Universal Edition, Boosey & Hawkes und Editio Musica Budapest) treffen. Die Federführung für das Projekt liegt beim Bartók-Archiv in Budapest, ungarischer Partner des G. Henle Verlags ist die Editio Musica Budapest Zeneműkiadó. 48 Bände sind geplant, bis 2023 sind acht Bände erschienen.

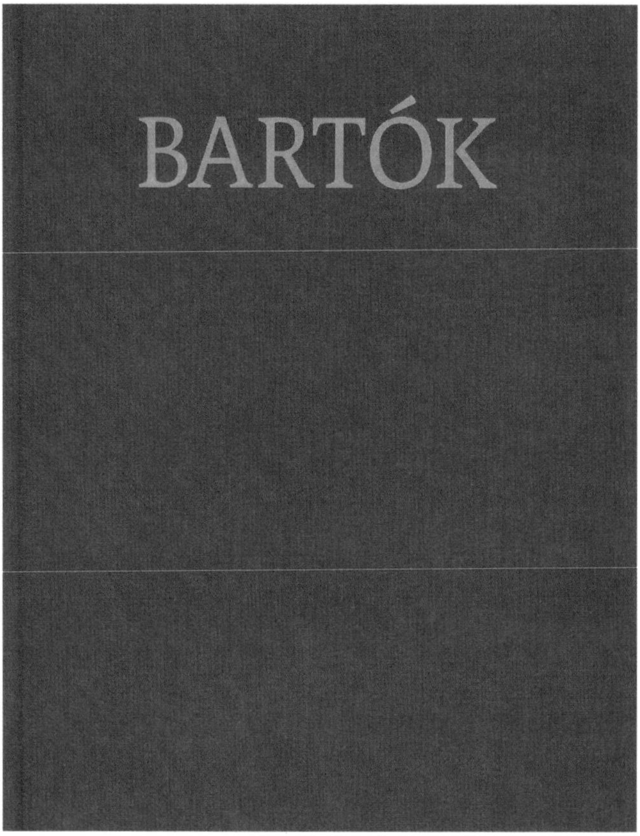


Béla Bartók ist der erste Komponist des 20. Jahrhunderts, dessen Gesamtausgabe bei Henle erscheint.

Hinter den Werkausgaben von Haydn, Beethoven, Brahms und Bartók stehen Forschungsinstitutionen, die über die für solche Großprojekte nötigen Ressourcen verfügen. Der G. Henle Verlag brachte aber auch aus eigener Kraft Ausgaben heraus, die zwar nicht das gesamte Werk, aber bedeutende Werkgruppen einzelner Komponisten umfassen.

Ewald Zimmermann, der erste Cheflektor des Verlags, edierte zwischen 1961 und 1979 das gesamte Klavierwerk von Frédéric Chopin und fand dabei Unterstützung von polnischen Institutionen, wie sie in Zeiten des Kalten Krieges nicht selbstverständlich war. Seit 2007 werden die Chopin-Ausgaben von Norbert Müllemann sukzessive revidiert, bis 2023 sind 27 Neuausgaben erschienen. Ernst Herttrich, zwischen 1970 und 1990 als Lektor im Verlag, zeichnet für die Ausgabe von Robert Schumanns komplettem Klavierwerk verantwortlich. Er unterzog die Ausgaben von Wolfgang Boetticher einer Revision und edierte außerdem Werke, von denen bislang keine Urtextausgabe vorlag. Zum 200. Geburtstag Robert Schumanns 2010 war sein Klavierwerk vollständig in sechs Bänden versammelt. Mit den Deux arabesques starteten Ernst-Günter Heinemann und François Lesure 1983 die Urtextausgabe der Klavierwerke Claude Debussys, die 2011 mit dem dritten Band abgeschlossen werden konnte.

Die Reihe „Die Oper" sollte unbekannte Bühnenwerke wieder in Erinnerung rufen, zwischen 1975 und 2001 erschienen sechs Bände.

Vorrangig archivalische Zwecke verfolgt die Reihe „Das Erbe deutscher Musik", eine Fortführung der 1935 bei Peters in Leipzig angesiedelten „Denkmäler der deutschen Tonkunst". Herausgeberin ist die Musikgeschichtliche Kommission, von den geplanten 125 Bänden stehen noch sechs aus. Die Publikation der einzelnen Bände ist auf sieben Verlage verteilt, im G. Henle Verlag, seit 1964 dabei, erscheint die Hauptreihe 9 (Werke der Frühromantik); unter den sieben vorliegenden Bänden finden sich zum Beispiel die Lieder von Carl Friedrich Zelter.

*Nächste Doppelseite* Die Gesamtausgabe der Werke Joseph Haydns wurde 2022 abgeschlossen.

JOS

PH HAYDN
WERKE
REIHE XXVIII · BAND 3
Die Schöpfung
ERSTER TEILBAND
G. HENLE VERLAG
J. HAYDN WERKE XXV, 4
Le Pescatrici
J. HAYDN WERKE XXV, 5
L'Infedeltà Delusa
J. HAYDN WERKE XXV, 6
L'Incontro Improvviso
J. HAYDN WERKE XXV, 7
Il Mondo Della Luna

# Studienausgaben, Henle Library App, Faksimile-Ausgaben

Während im Falle von Chopin, Debussy und Schumann (und anderen) die über Jahre erschienenen Einzelausgaben am Ende zu Werkausgaben zusammenwuchsen, liefern die Gesamtausgaben von Haydn, Beethoven, Brahms und Bartók das Material zu Einzelausgaben, aus denen dann auch musiziert werden kann. Diese Praxis der mehrfachen Verwertung von Urtexten wurde unter dem Verlagsleiter Martin Bente 1995 um eine weitere Ausgabeform ergänzt: Wichtige Werke des Programms können nun auch als Studienpartituren im handlichen Format erworben werden. Den Anfang machten Klaviersonaten von Joseph Haydn, Wolfgang Amadeus Mozart und Ludwig van Beethoven, der Schwerpunkt hat sich dann hin zur Kammermusik verlagert – für Besetzungen ohne Klavier findet man nur in diesen Ausgaben die Partitur des Werkes. Auch Orchesterpartituren aus den großen Werkausgaben werden als Studienpartituren angeboten.

Mit der Henle Library App, entwickelt unter der Federführung von Norbert Gertsch und seit 2016 auf dem Markt, ist der Urtext nicht mehr allein auf Papier fixiert, sondern kann auch auf Tablets und – seit 2023 – auf Smartphones oder Notebooks dargestellt werden. Wer die

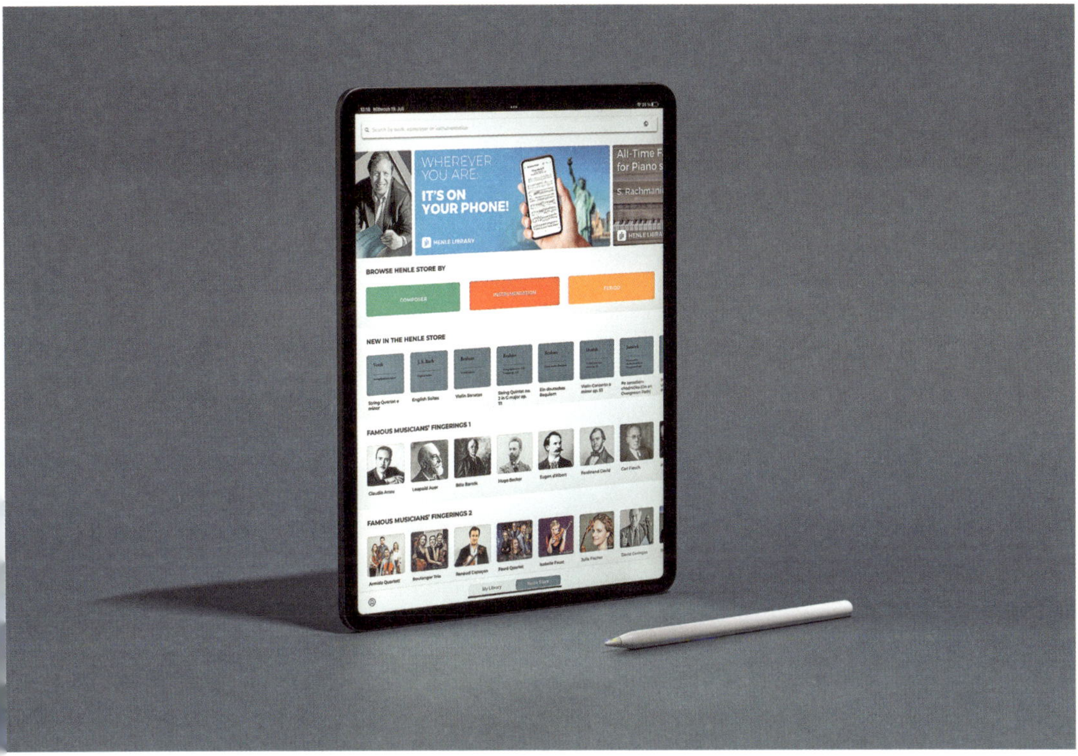


App installiert hat, kann aus dem vollständigen Angebot der Urtexte wählen: Partituren, Stimmensätze und Einzelstimmen, 24 Stunden an sieben Tagen in der Woche. Dass bei Konzerten auf dem Notenpult nicht mehr ein Notenband, sondern ein Tablet steht, gehört mittlerweile zum Alltag. Das Smartphone, gewöhnlich der natürliche Feind eines gelungenen Konzerts, könnte die schon vergessene Übung neu beleben, die Aufführung in der Partitur zu verfolgen.

Niemand wird die besondere sinnliche Qualität der gedruckten Notenausgaben in Frage stellen – die App jedoch bietet Möglichkeiten, die das Studieren und Musizieren auf vielfältige Weise erleichtern. Digitale Noten benötigen keinen physischen Platz und haben kein

Die Henle App bietet jederzeit und überall digitale Urtextausgaben an.

Gewicht – ideal für Künstlerinnen und Künstler, die auf einer Tournee mit ihrem Tablet ihr gesamtes Repertoire in ihre Tasche packen können. In der Henle Library wird nicht einfach das gedruckte Notenbild reproduziert, sie nutzt darüber hinaus viele Möglichkeiten eines digitalen Mediums. Fingersätze und Bogenstriche, ob von fremder oder eigener Hand, können ein- und ausgeblendet und mit anderen geteilt werden. Von der Einzelstimme lässt sich mühelos zur Partitur und wieder zurück springen. Geblättert werden kann auch mit dem Finger oder einem Pedal, die Hand darf also auf den Tasten oder der Bogen am Instrument bleiben. Das Notenbild kann in unterschiedlichen Größen angezeigt werden, auch im Querformat. Schließlich bietet der Verlag Musikhochschulen und Konservatorien eine spezielle Lizenz an, mit der allen Studierenden die Arbeit mit den Urtextausgaben ermöglicht wird.

Geht es in der Henle App darum, die philologischen Qualitäten der Urtextausgaben in einem Ausgabeformat darzustellen, das größten praktischen Nutzen verspricht, setzen Faksimile-Ausgaben ganz auf die Aura der Handschrift. Sie gilt als zentraler Zeuge der Arbeit am Urtext, bei der umfassende Kenntnisse und großes philologisches Können gefordert sind. Unabhängig davon geht von der Handschrift ein großer ästhetischer Reiz aus, weil ihre Materialität eine unmittelbare Verbindung zwischen dem Komponisten, seiner Zeit und der Gegenwart herstellt. Auch ein Laie kann unterscheiden, ob eine musikalische Idee in aller Eile hingeworfen oder mit Sorgfalt und Genauigkeit zu Papier gebracht wurde. Von der Handschrift geht eine besondere Ausstrahlung aus, weshalb Sammler immer wieder bereit sind, hohe Preise zu zahlen: Schließlich handelt es sich um ein einmaliges Exemplar.

Aber auch Handschriften, die sich im öffentlichen Besitz einer Bibliothek befinden, sind nicht allgemein zugänglich. Den originalgetreuen Reproduktionen, den Faksimiles, fehlt die Aura des Originals, doch sie lassen dessen Materialität erahnen, vermitteln einen Eindruck von der Arbeitsweise des Komponisten und wirken für sich als ästhetische Objekte. Der technische Aufwand, ein Faksimile herzustellen, ist enorm, der Preis entsprechend hoch. Schon deshalb bietet der Verlag nur wenige ausgesuchte Werke als Faksimile-Ausgaben an: Sie enthalten zusätzlich zur Reproduktion der originalen Handschrift Einführungstex-

te zum Werk und dessen Überlieferung. Als erstes Faksimile erschien 1957 Joseph Haydns Schöpfungsmesse. Das Autograf hatte Günter Henle durch Klöckner & Co zu dessen 50-jährigem Firmenjubiläum erworben, um es anschließend der Bayerischen Staatsbibliothek zu stiften. Von ähnlich persönlicher Bedeutung war für Günter Henle die Faksimilierung der Klaviersonate h-moll von Franz Liszt, deren Original er in New York bei Robert Owen Lehman hatte einsehen können. Der Band erschien 1973 zum 25-jährigen Bestehen des Verlags. Im Jubiläumsjahr 2023 sind 18 Faksimiles lieferbar. Der Schwerpunkt liegt beim klassisch-romantischen Kammermusikrepertoire, aber auch Alexander Skrjabin ist mit seiner 7. Klaviersonate op. 64 dabei.

***Oben*** Ein Einband aus der Reihe: das Faksimile der Klaviersonate h-moll von Franz Liszt.
***Nächste Doppelseite*** Getreu bis ins Detail gibt das Faksimile die Handschrift Franz Liszts wieder.

380–399
Öffnung der Überklebung siehe *Anhang*, Abb. 6 und 7
For original text underneath paste-over see *Appendix*, fig. 6 and 7

400–440

# Bücher und Zeitschriften

Die Arbeit am Urtext kreist um Handschriften, Erstdrucke und biografische Zeugnisse, sie ist aber auch angewiesen auf Repertorien, in denen die Überlieferung und die Aufbewahrungsorte von Handschriften verzeichnet sind. Sie benötigt Werkverzeichnisse, konsultiert regelmäßig Briefe und andere biografische Zeugnisse, die Ergebnisse der Forschung werden schließlich in wissenschaftlichen Reihen publiziert und diskutiert. Das Buchprogramm des G. Henle Verlags ist genau auf diese Bedürfnisse abgestimmt.

Zu seinem ersten Buchprojekt kam Günter Henle, weil ein Retter gesucht wurde für ein wichtiges bibliografisches Unternehmen, das vor dem Scheitern stand. Der Musikwissenschaftler Georg Kinsky hatte viele Jahre mit der Arbeit an einem „Thematisch-Bibliographischen Verzeichnis aller Werke Ludwig van Beethovens" verbracht. Wegen seiner jüdischen Vorfahren wurde er von den Nationalsozialisten verfolgt und zu Zwangsarbeit verurteilt. Rechtzeitig hatte er aber das Angebot der Bayerischen Staatsbibliothek angenommen, ihr eine Durchschrift seines Manuskripts zu verkaufen. Nach dem Ende der nationalsozialistischen Diktatur fand er kaum noch die Kraft, seine Arbeit zu Ende zu bringen. Erst nach der Zusage Günter Henles, das Werkverzeichnis in seinem Verlag zu veröffentlichen, nahm er die Arbeit wieder auf, verstarb allerdings bereits im Jahr 1951.

Hans Halm, der Leiter der Musikabteilung der Bayerischen Staatsbibliothek, der schon während des Krieges den Ankauf des Durchschlags eingefädelt hatte, erklärte sich nun bereit, die Arbeit zu Ende zu führen. 1955 erschien schließlich der „Kinsky-Halm", das Pendant zum Köchelverzeichnis der Werke Wolfgang Amadeus Mozarts aus dem Jahr 1862 und auch zum Deutschverzeichnis der Werke Franz Schuberts von 1951. Mit dem Hoboken-Verzeichnis der Werke Joseph Haydns von 1957 schien die bibliografische Erschließung der großen Meister aus Wien dann erst einmal abgeschlossen – hätte nicht die Forschung, auch angetrieben von der Edition immer neuer Urtextausgaben, immer neue Korrekturen und Ergänzungen nötig gemacht. Gefördert von der Deutschen Forschungsgesellschaft, erschien 2014 eine revidierte und vor allem erweiterte Neuausgabe des „Kinsky-Halm": Der Umfang hatte sich von 800 auf 2000 Seiten in nunmehr zwei Bänden mehr als verdoppelt, die Herausgabe teilten sich Kurt Dorfmüller, Halms Nachfolger in der Musikabteilung der Bayerischen Staatsbibliothek, Norbert Gertsch, der vom Verlag für diese Arbeit eine Zeit lang freigestellt wurde, und Julia Ronge vom Beethoven-Haus in Bonn.

Zwei Jahre nach dem „Kinsky-Halm" übernahm der Verlag 1957 (bis 1995) die „Schriften zur Beethoven-Forschung" als „Veröffentlichungen des Beethoven-Hauses in Bonn", eine unregelmäßig erscheinende Reihe von Monografien und Tagungsberichten. Als dann 1961 der erste Band der Beethoven-Ausgabe vorlag, hatte sich G. Henle definitiv als verlegerisches Zentrum der Beethoven-Forschung etabliert. So lag es nur nahe, dass das Beethoven-Haus in Bonn auch bei der siebenbändigen Ausgabe des Briefwechsels (1996-98) mit G. Henle kooperierte (ein abschließender Band mit Dokumenten und Sachregister liegt als Manuskript vor, ist bis heute nicht erschienen). 2009 folgte eine zweibändige Ausgabe mit Aufzeichnungen von Zeitzeugen Beethovens.

Die stattliche Werkausgabe der Werke Joseph Haydns fand im Buchprogramm kein vergleichbares Echo, die Haydn-Studien, in denen von 1965 bis 2022 gerade auch Fragen diskutiert wurden, die sich im

Zusammenhang mit der Editionsarbeit stellen, haben es auf elf Bände gebracht. Für die nahe Zukunft ist eine neue Briefausgabe geplant.

Wie das Urtext-Programm mit dem Buchprogramm korrespondiert, lässt sich auch an anderen Beispielen zeigen. Die Werkverzeichnisse von Chopin (Krystyna Kobylańska, 1980), Brahms (Margit L. und Donald M. McCorkle, 1984), Schumann (Margit L. McCorkle, 2003) und Reger (Susanne Popp, 2011) bilden im bibliografischen Format editorische Schwerpunkte der Verlagsarbeit ab.

Wer einen Urtext herausgibt, muss wissen, in welcher Bibliothek, in welchem Archiv, in welcher Sammlung die erforderlichen Quellen, handschriftlich oder gedruckt, zu finden sind. Seit 1952 residiert in Paris das Répertoire International des Sources Musicales (RISM), eine internationale, gemeinnützige Organisation, die es sich zum Ziel gesetzt hat, die schriftlichen Quellen der Musik weltweit zu dokumentieren – Noten ebenso wie Libretti oder Texte zur Musiktheorie. Bis heute können ungefähr 1,5 Millionen Datensätze über das Internet abgefragt werden, es liegen aber auch weiterhin gedruckte Ausgaben vor. Der



Das erste Werkverzeichnis Beethovens umfasste 800 Seiten.

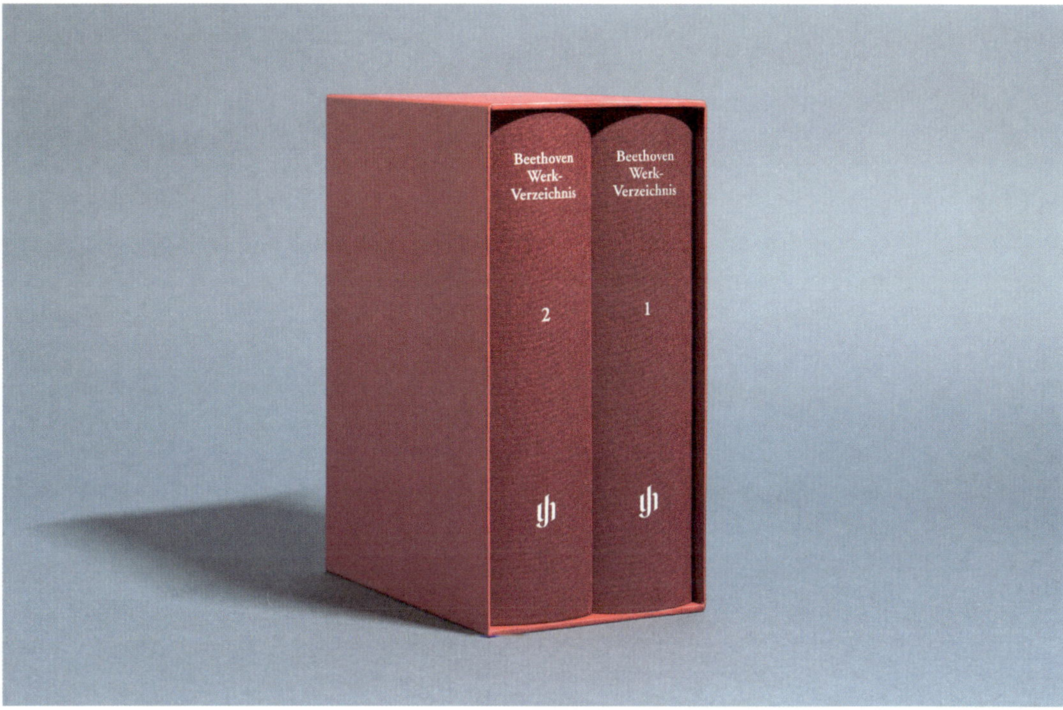


G. Henle Verlag zählt zu den deutschen Verlagen des RISM, bisher sind 33 Bände publiziert. Die Verlagsleiter Martin Bente und Wolf-Dieter Seiffert haben sich über Jahrzehnte ehrenamtlich im Vorstand des Vereins RISM engagiert.

Kooperationspartner des RISM sind in Deutschland die Bayerische Staatsbibliothek in München und die Staatsbibliothek zu Berlin, wo die umfangreichsten Bestände an Quellen und musikwissenschaftlicher Literatur verwahrt werden. Mit beiden Bibliotheken arbeitet der G. Henle Verlag natürlich eng zusammen und hat folgerichtig auch die Kataloge Bayerischer Musiksammlungen (seit 1971 44 Bände) sowie die Kataloge der Musikabteilung der Staatsbibliothek zu Berlin (6 Bände seit 1977) publiziert.

Gut 60 Jahre später hatte sich der Umfang mit 2000 Seiten mehr als verdoppelt.

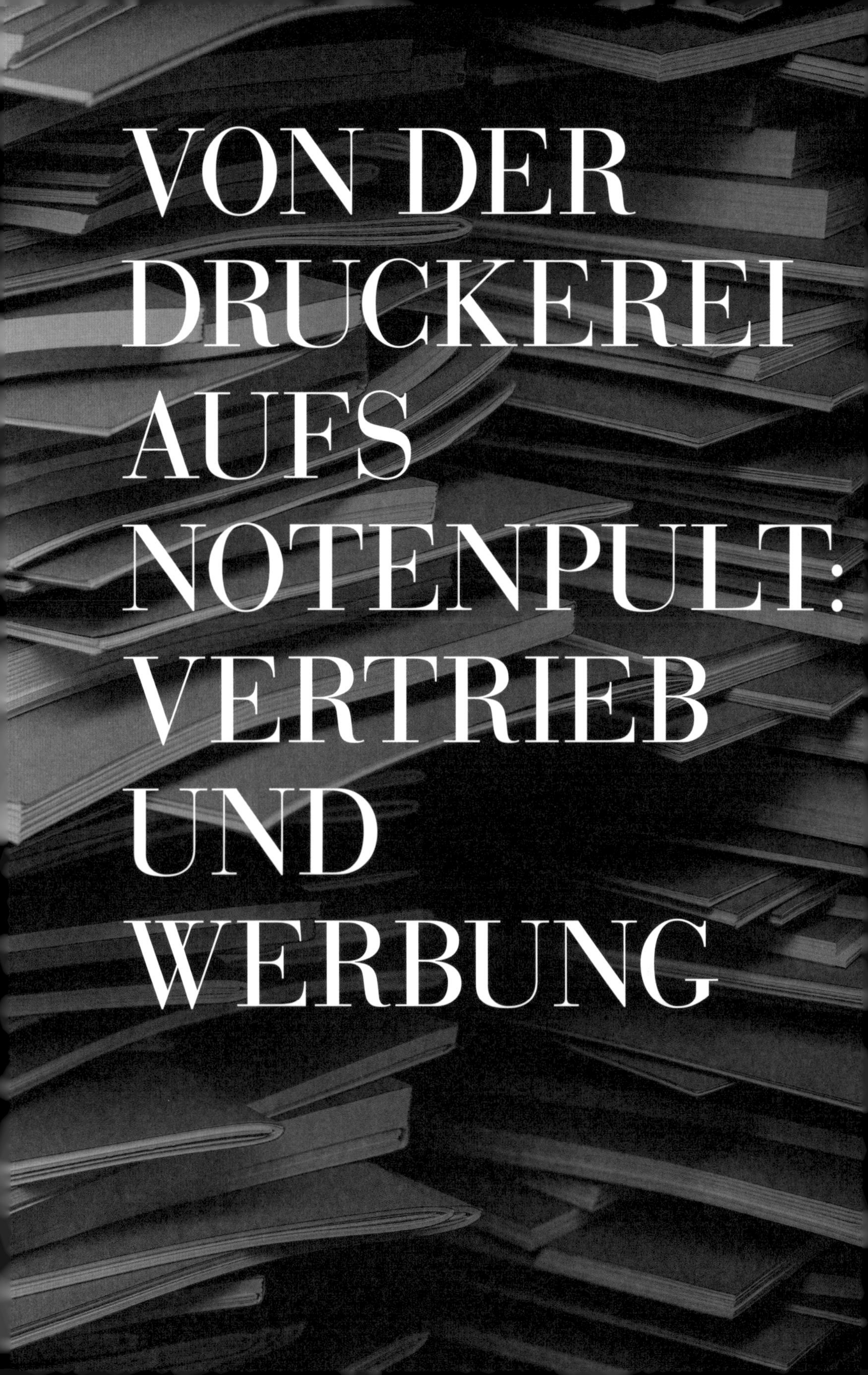

# VON DER DRUCKEREI AUFS NOTENPULT: VERTRIEB UND WERBUNG

# Lagerräume, Messereisen

Friedrich Joseph Schaefer, der erste Geschäftsführer des Verlags, durfte in seiner Heimatstadt München bleiben. Die Stadt war zerstört, es fehlten Wohnungen, Lager und Büros. Am Prinzregentenplatz 14 jedoch, gleich neben dem Prinzregententheater, waren in der Wohnung von Günter Henles mittlerweile verwitweter Mutter zwei Zimmer frei, die Friedrich Joseph Schaefer, eine Sekretärin und eine Buchhalterin beziehen konnten. Ein drittes Zimmer diente wenig später als Lager, hier wurden die Sendungen aus den Druckereien in Empfang genommen, die Notenbände gelagert und an die Händler verschickt. Um umständliche Transporte durch die Wohnung zu vermeiden, reichte man die Pakete durch ein Fenster von der Straße hinein und hinaus. Wenige Jahre später konnte ein Lagerraum in der benachbarten Kopernikusstraße angemietet werden.

Lida von Henles Wohnung war nicht das einzige Auslieferungslager des frisch gegründeten Verlags. Eine wichtige Rolle spielte in den Anfangsjahren die Kommissionsbuchhandlung Fleischer in Frankfurt am Main, weitere Lieferungen gingen von der Druckerei an das Musikalienhaus P.J. Tonger in Köln und an den Duisburger Standort des Verlags.

***Oben*** Eine Mitarbeiterin der frühen Jahre beim Versand von Notenbänden.
***Unten*** Vom großbürgerlichen Charakter der Wohnung Lida von Henles war in den Büros des Verlags nicht mehr viel zu spüren.

1955 kaufte Günter Henle für die wachsende Münchner Niederlassung ein Haus in der Schongauer Straße 24, dort war auch ausreichend Platz für das Notenlager. 1979 war der nächste Umzug fällig, diesmal in die Forstenrieder Allee 122, wo der Verlag bis heute seinen Sitz hat. Aber schon Mitte der 1980er Jahre reichte auch hier der Platz für die Lagerpaletten nicht mehr, doch wie es der Zufall wollte, wurde auf dem Nachbargrundstück ein Supermarkt geplant. Martin Bente konnte die Bauherren dazu überreden, das Gebäude zu unterkellern und durch einen Tunnel mit dem Verlagsgebäude zu verbinden, durch den ab 1986 die Notenbände ins Lager transportiert und die Sendungen an die Händler auf den Weg gebracht wurden. Dieses durchaus originelle Konzept bewährte sich über immerhin 14 Jahre. Weil der Platz schon wieder nicht reichte, beauftragte Martin Bentes Nachfolger Wolf-Dieter Seiffert 2002 einen externen Dienstleister mit der Auslieferung, das Lager wurde geräumt und der Tunnel zugemauert.

Bevor aber überhaupt Bestellungen beim Verlag eingehen konnten, mussten die Musikalienhändler auf das neue Angebot aufmerksam gemacht werden. Friedrich Joseph Schaefer war sich nicht zu schade, selbst zu reisen, um bei Grossisten und Sortimentern Bestellungen zu akquirieren. Einfacher war es freilich, sie auf Messen zu treffen oder bei Veranstaltungen Präsenz zu zeigen. Schon 1949 hatte der Verlag auf der ersten Deutschen Musikalienmesse in Detmold einen eigenen Stand. Auf Messen konnten nicht nur Kontakte mit Händlern geknüpft werden, sie boten auch dem interessierten Publikum die Möglichkeit, das Sortiment des Verlags kennenzulernen und in den Notenbänden zu blättern. Messeaufritte gehörten bald zum Alltag der Vertriebsabteilung, im Inland und im Ausland.

*Vorherige Doppelseite* Man weiß sich zu helfen: Mitarbeiter des Verlags beladen durch ein Fenster zur Lucile-Grahn-Straße einen Lieferwagen mit Notenbänden.

# Noten in die weite Welt: Internationale Märkte

Mit Günter Henle mischte sich ein Industrieller ins Notengeschäft ein, für den es selbstverständlich war, international zu agieren. Schon 1948, der Verlag hatte sich in Deutschland noch gar nicht etabliert, suchte er im europäischen Ausland nach Vertriebspartnern, besonders wichtig wurde die Zusammenarbeit mit Novello in London, die das gesamte Empire versorgte. 1951 kam es zu einem Vertragsabschluss mit Carl Fischer Inc. für den amerikanischen Kontinent, verbunden mit der Zusage, dass auf den in die USA gelieferten Noten auch dessen Name gedruckt sein musste. Allerdings erfüllte Carl Fischer nicht die in ihn gesetzten Erwartungen, Mitte der 1950er Jahre kam es zur Trennung und zu einer neuen Verbindung mit der Roundleay Corporation of America. Doch auch sie lieferte nicht die erwarteten Zahlen und sorgte außerdem durch fragwürdige Geschäftspraktiken für Ärger in München. Anfang der 1960er Jahre kam es zum Zerwürfnis, von 1963 an belieferte der Verlag den amerikanischen Markt selbst – mit stetig steigenden Umsätzen.

1981 unternahm der Verlag einen weiteren Anlauf, in den USA Fuß zu fassen. G. Henle USA Inc. in St. Louis war ein Joint Venture mit dem

Günter Henle war überrascht, als er auf der Weltausstellung in Brüssel 1958 Noten aus seinem Verlag entdeckte.

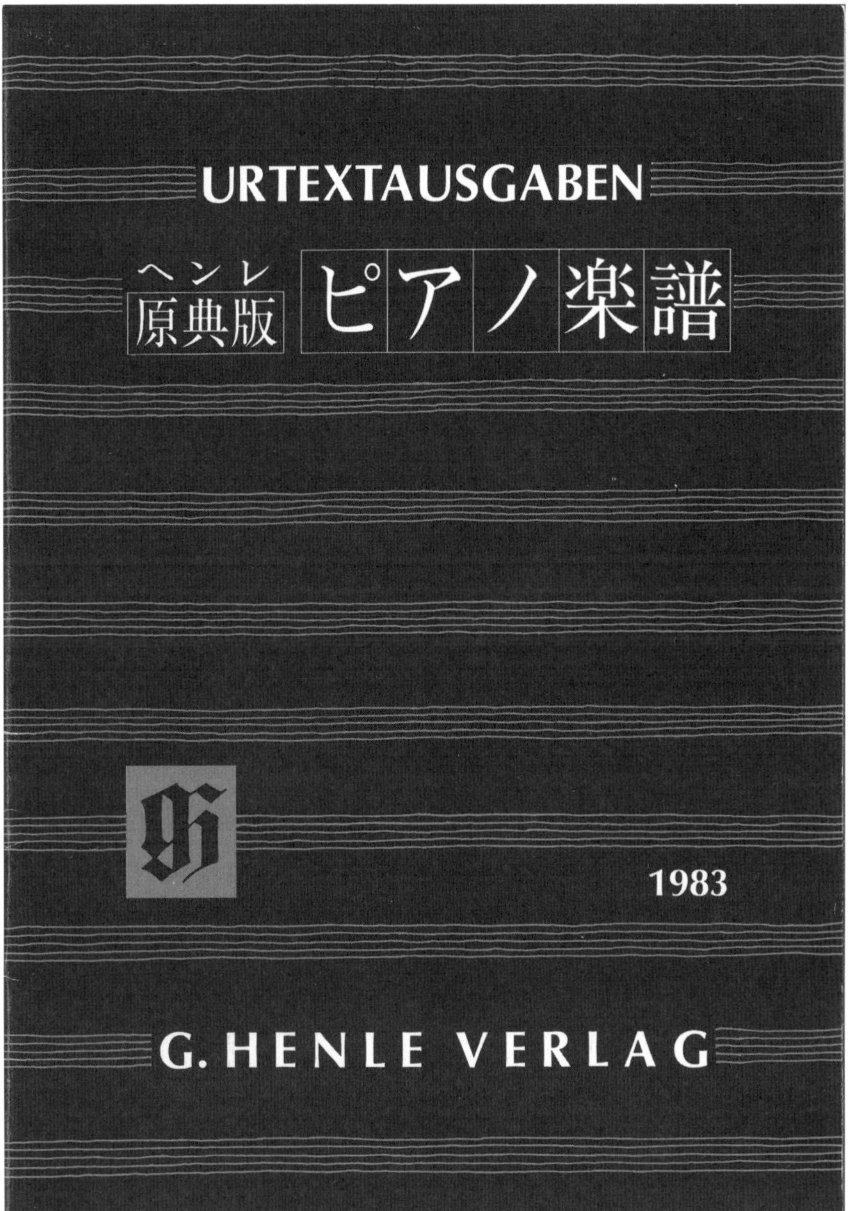


Für die ostasiatischen Märkte wurden bereits 1983 eigene Werbemittel produziert.

# Noten, gekonnt in Szene gesetzt

Verfolgt man den Weg der Notenbände von der Auslieferung bis zum Händler, der sie schließlich an die Kunden verkauft, könnte man meinen, ein perfekt organisierter Vertrieb allein würde verlegerischen Erfolg garantieren. Genauso wichtig sind Werbung und Marketing, um Aufmerksamkeit zu erzeugen, Bedürfnisse zu wecken und den G. Henle Verlag in den Köpfen des Publikums mit Ausgaben von höchster Qualität zu verbinden. Als er 1948 das charakteristische Blau als Farbe des Verlags wählte, setzte Günter Henle auf die „propagandistische Wirkung" der Farbe – heute würde man etwas zurückhaltender von Corporate Identity sprechen. Sein Plan ging auf, und es gibt – auch außerhalb der Verlagswelt – tatsächlich nur wenige Farben, die man so schnell und umstandslos mit einer Marke assoziiert. Zwingend also, dass Prospekte, Plakate, Kataloge, kurz: alle Werbemittel des Verlags in diesem Blau gehalten sind und zudem einheitlich die Schrift aus der Bodoni sowie das Verlagslogo verwenden. Neben dem Notensortiment hat sich mit den Jahren auch ein Sortiment henleblauer, mit Bodonischrift bedruckter Geschenkartikel entwickelt.

Das Internet erleichtert dem Verlag den direkten Zugang zu seinen

Kunden: Über Onlinehändler, seit 2019 auch über den verlagseigenen Webshop, können Notenbände auch dann erworben werden, wenn weit und breit kein Musikalienhändler geöffnet hat. Auf der Website lässt sich nicht nur das gesamte Verlagsprogramm recherchieren, sie liefert auch reichlich Informationen zur Verlagsgeschichte und zum Konzept der Urtextausgabe. In einem Blog berichtet das Lektorat – und bisweilen der Verlagsleiter – regelmäßig über Entdeckungen und Überraschungen sowie über Fragen, die sich bei der Arbeit stellen. Auf Facebook, LinkedIn, YouTube und Instagram ist der Verlag präsent, für das chinesische Publikum außerdem auf WeChat, Weibo, Bilibili und Little Red Book; koordiniert werden all diese Aktivitäten seit 2020 von einer Abteilung Online-Marketing.

Günter Henles Freundschaften mit großen Künstlern spielten eine wichtige Rolle bei der Etablierung des Verlags in seinen frühen Jahren. Auch heute sind viele Künstlerinnen und Künstler eng mit dem Verlag verbunden. Sie regen bestimmte Ausgaben an, begleiten einzelne Editionen mit ihrer Erfahrung oder sind mit Mitarbeitern des Verlags freundschaftlich verbunden. Wenn sie also, mit Notenbänden in der Hand, in der Verlagswerbung erscheinen, übernehmen sie nicht einfach die Rolle von „Markenbotschaftern", man kann sie vielmehr Freunde des Hauses nennen. In diesen Kreis gehört auf seine Weise auch der Kirchenmusiker und Entertainer Harald Schmidt, der sich mit dem Zitat „Wenn ich's kann, können Sie's auch!" im hellblauen Hemd für die Einsteiger-Reihe „Am Klavier" fotografieren ließ.

# EIN FUNDAMENT FÜR DEN VERLAG: DIE GÜNTER HENLE STIFTUNG

G. Henle Verlag

# Der Verleger zwischen Duisburg und München

Die ungewöhnliche Struktur des Verlags in seinen ersten drei Jahrzehnten spiegelt die ungewöhnliche Persönlichkeit Günter Henles wider. Sein Hauptberuf war die Führung des Klöckner-Konzerns, weshalb sein Lebensmittelpunkt in Duisburg lag. Mit München, dem zweiten Standort, verband er glückliche Kindheitserinnerungen. Nun hätte es nahegelegen, das Lektorat eben dort anzusiedeln, wo die Bayerische Staatsbibliothek ihre reichen musikalischen Schätze verwahrt. Das Lektorat aber wurde, genauso wie die Verlagsleitung, im Duisburger Klöckner-Haus untergebracht, weil Günter Henle sich persönlich an der Edition der Ausgaben beteiligen und mit den Quellen arbeiten wollte. Duisburg und München liegen immerhin gut 600 Kilometer voneinander entfernt, erstaunlich, wie der Verlag noch vor den heutigen Kommunikationsmöglichkeiten über diese Distanz arbeiten konnte.

Noch erstaunlicher ist freilich, dass Günter Henle neben der Leitung des Klöckner-Konzerns nicht nur Zeit fand zum Musizieren und für seinen Verlag, sondern überdies für ein umfangreiches politisches und wirtschaftliches Engagement. Von 1947 bis 1949 war er Mitglied des Frankfurter Wirtschaftsrats, von 1949 bis 1953 saß er für die CDU als

*Linke Seite* Industrieller und Verleger in einer Person: Günter Henle in seinem Duisburger Büro.

Abgeordneter im ersten Deutschen Bundestag, dort wurde er gelegentlich bei der Korrektur von Probeabzügen beobachtet. 1955 zählte er zu den Mitbegründern der Deutschen Gesellschaft für Auswärtige Politik, der er bis 1973 als Präsident vorstand. Außerdem übernahm er zahlreiche Aufsichtsratsmandate (unter anderem bei der Allianz, der Deutschen Bank und bei Siemens), leitete das Gremium Musik im Kulturkreis der Deutschen Wirtschaft und kümmerte sich als Schatzmeister um die Finanzen des Joseph-Haydn-Instituts. Und als wäre das alles noch nicht genug, verfolgte er die musikwissenschaftliche Forschung und publizierte zu editionsphilologischen Themen. 1956 ernannte ihn die Gesellschaft für Musikforschung zu ihrem Ehrenmitglied, 1964 verlieh ihm die Philosophische Fakultät der Universität Köln die Ehrendoktorwürde.

Günter Henle machte sich aber keine Illusionen darüber, dass er neben seinen Führungspositionen bei Klöckner auch noch den Verlag leiten könnte. Friedrich Joseph Schaefer, sein erster Geschäftsführer, brachte als Bankkaufmann mit Verlagserfahrung keine musikwissenschaftliche Expertise in den Verlag ein, begeisterte sich aber schnell für die Materie und ging ganz in seiner Arbeit für den Verlag auf. Als er 1972 in den Ruhestand ging, folgte ihm Martin Bente nach, der drei Jahre zuvor als Leiter der Herstellungsabteilung engagiert worden war – Günter Henle hatte ihn systematisch auf die Rolle des Verlagsleiters vorbereitet und einige Monate bei Klöckner & Co betriebswirtschaftliches Grundwissen lernen lassen. Von Haus aus war Martin Bente Musikwissenschaftler, der unter anderem an den „Katalogen der Bayerischen Musiksammlungen" und am RISM mitgearbeitet hatte.

Nach dem gleichen Muster – ein Musikwissenschaftler aus dem eigenen Haus – trat im Jahr 2000 Wolf-Dieter Seiffert die Nachfolge Martin Bentes an, er war 1990 als Lektor in den Verlag gekommen und stieg 1992 zum Cheflektor auf. Sein designierter Nachfolger wiederum, Norbert Gertsch, ebenfalls ein Musikwissenschaftler, war zu Beginn seiner Laufbahn im G. Henle Verlag 1997 erst einmal für die elektronischen Medien verantwortlich, bevor er 2000 ins Urtext-Lektorat wechselte, um 2003 zum Cheflektor und 2009 zum stellvertretenden Verlagsleiter und Programmchef aufzusteigen.

# Gesicherte Zukunft: Die Günter Henle Stiftung

Günter Henle machte sich Anfang der 1970er Jahre Gedanken darüber, wie der Verlag eines Tages ohne ihn weiter bestehen könnte. Mit Martin Bente hatte er einen Geschäftsführer gefunden, dem er die selbstständige Leitung des Unternehmens zutraute; irgendwann würde er die beiden Verlagsstandorte in München zusammenführen – das sollte dann schon 1979, wenige Monate nach Günter Henles Tod, geschehen. Das Verlagshaus an der Forstenrieder Allee hatte er noch im Jahr zuvor gekauft und dem Verlag geschenkt. Am wichtigsten aber war es, eine Rechtsform zu finden, die dem Verlag eine sichere Zukunft versprach.

Gemeinsam mit Fachleuten aus dem Klöckner-Konzern entwickelte Günter Henle das Konzept einer rechtsfähigen privaten Stiftung des bürgerlichen Rechts, die ihren Sitz in München haben sollte. In der Satzung wurde festgelegt, dass sie keine Ausschüttungen vornehmen darf: So entstand die ungewöhnliche Konstruktion einer rechtlich nicht gemeinnützigen Unternehmensstiftung.

Die Erträge des Stiftungsvermögens dienen der Finanzierung des Stiftungszwecks, das sichert dem Verlag den nötigen Handlungsspiel-

raum. Günter Henle hatte Fehlbeträge immer wieder großzügig aus eigener Tasche ausgeglichen oder seinem Verlag mit einer Kapitalaufstockung geholfen – solche Finanzspritzen sollten in Zukunft nicht mehr nötig sein, denn Überschüsse aus dem Verlagsgeschäft erhöhten das Stiftungskapital.

Als Zweck der Stiftung wurde in erster Linie die „Sicherstellung der Herausgabe von Urtexten auf wissenschaftlicher Grundlage von Werken der Musik vor allem aus dem 18. und 19. Jahrhundert durch den G. Henle Verlag" festgelegt. Der Verlag kann aber „auch andere Werke ernster Musik einer späteren Zeit veröffentlichen, soweit dadurch die Herausgabe des gesamten Komplexes der Urtextausgaben nicht beeinträchtigt wird." Der Vorstand setzt sich satzungsgemäß aus einem Vorsitzenden, einer angesehenen Persönlichkeit des öffentlichen Lebens und Nachkommen des Stifters oder deren Ehegatten zusammen.

Walter Keim förderte ganz wesentlich die Errichtung der Günter Henle Stiftung.

Im Dezember 1972 wurde die Stiftung genehmigt. Zum Jahreswechsel brachte Günter Henle die Vermögenswerte des Verlags in die Stiftung ein, außerdem stattete er sie mit Immobilienzertifikaten aus. Am 10. Februar 1973 trat in Duisburg zum ersten Mal der Vorstand zusammen: Neben Günter Henle als Vorsitzendem, Walter Keim, Ministerialdirigent im Bayerischen Kultusministerium (und Musikliebhaber) als Person des öffentlichen Lebens, außerdem Günter Henles Tochter Sylvia Haas, seine Söhne Jörg A. und Peter Henle sowie seine Schwiegertochter Susanne Henle. Günter Henle wusste die Unterstützung seines Verlags durch die Familie zu schätzen und konnte sich immer auf sie verlassen. Heute engagiert sich die Familie in der dritten Generation im Vorstand der Stiftung, mit Felix Henle als derzeitigem Vorsitzenden. Christoph Poppen, Chefdirigent des Kölner Kammerorchesters, Musikdirektor der Hong Kong Sinfonietta und der Familie Henle

Die Stiftung war immer eine Sache der Familie: Anne Liese und Christian Peter Henle.

freundschaftlich verbunden, bereichert die Arbeit des Vorstands mit seiner künstlerischen Erfahrung. Die Funktion des Stiftungsvorstands verglich Günter Henle in gewisser Weise mit der eines Aufsichtsrats, der die Verlagsleitung aber nicht nur berät, sondern auch über operative Themen, etwa zur Entwicklung des Programms, entscheidet.

In Abstimmung mit dem Stiftungsvorstand treibt die Verlagsleitung etwa die technische Modernisierung des Verlags voran. Henle Library, Henle Masterclass, die Website und die vielfältigen Aktivitäten auf Social-Media-Kanälen zeigen nach außen, dass historisch-philologische Arbeit und digitale Kompetenz kein Gegensatz sein müssen. Das Quellenarchiv ist schon seit längerer Zeit digital erschlossen, die Verlags-IT wurde jüngst in einem zweijährigen Projekt grundlegend modernisiert und auf den neuesten technischen – cloudbasierten – Stand gebracht.

Genauso wichtig wie die Digitalisierung ist für heutige Unternehmen die Sorge um nachhaltige Produktionsweisen. Eine Solaranlage auf dem Dach des Verlagsgebäudes liefert ungefähr 80 Prozent des vom Verlag benötigten Stroms, auf dem Parkplatz können Elektroautos geladen werden. Die Notenausgaben werden auf FSC-zertifiziertem Papier gedruckt, dessen Holzanteile aus nachhaltig bewirtschafteten Wäldern stammen. Aber auch im Bereich des Gebäudemanagements, der Logistik oder im Büroalltag wird ständig daran gearbeitet, dem Ziel eines nachhaltigen Unternehmens näherzukommen.

# Mäzenatisches Engagement

Günter Henle engagierte sich in vielfacher Weise als Mäzen. Dem Beethoven-Haus in Bonn und der Bayerischen Staatsbibliothek in München stiftete er Autografe von Ludwig van Beethoven, Richard Strauss, Joseph Haydn und Robert Schumann, er unterstützte große Talente wie Edith Peinemann, Murray Perahia und Frank Peter Zimmermann, bevor sie sich auf den Konzertpodien der Welt einen Namen machten. Außerdem förderte er Institutionen wie das Beethoven-Haus, die Marlboro Music School und die Yehudi Menuhin School.

Stiftung und Verlag setzen die Tradition der Förderung junger Musikerinnen und Musiker fort. Der jährliche Henle-Klavierwettbewerb, von Wolf-Dieter Seiffert initiiert, wendet sich an Kinder zwischen sechs und elf Jahren, aufgeteilt in drei Altersgruppen. Sie spielen nicht persönlich vor, sondern reichen ein Video mit der Aufnahme eines vom Verlag vorgegebenen Werkes ein, so ist die Teilnahme aus allen Ecken der Welt möglich. Beim Wettbewerb „Jugend musiziert" gibt es seit Jahrzehnten jährlich einen Henle-Sonderpreis, ebenso wie beim ARD-Wettbewerb, beim Joseph Joachim Violinwettbewerb in Hannover und beim Liszt-Klavierwettbewerb in Utrecht. Stipendien für den Klavierstudien-

Die Barenboim-Said-Akademie wurde mit einem Satz aller Urtextausgaben beschenkt: Daniel Barenboim (l.) und Felix Henle (r.), 2019.

gang von András Schiff und umfangreiche Notenspenden gingen an die Kronberg Academy, die Barenboim-Said-Akademie wurde mit einem kompletten Satz aller Urtextausgaben genauso ausgestattet wie zum Beispiel auch die Musikhochschule in Kiew oder die Universiteti i Arteve (Universität der Künste) in Tirana.

Anfang April 2022 organisierte die Stiftung in Düsseldorf ein Benefizkonzert für die Ukraine mit Evgeny Kissin, Gidon Kremer, David Geringas und Giedre Dirvanauskaite, die alle auf ihre Gagen verzichteten. 250000 Euro gingen an ein Medikamentenhilfswerk.

Auch beim Galakonzert zum 75. Verlagsjubiläum im November 2023 musizieren im Münchner Prinzregententheater alle Solisten, darunter Grigory Sokolov und Frank Peter Zimmermann, ohne Gage. Die Einnahmen kommen zwei musikfördernden Institutionen zugute, mit denen die Familie Henle eng verbunden ist: dem Kulturkreis der Deutschen Wirtschaft und der Deutschen Stiftung Musikleben.

Der G. Henle Verlag liefert nicht einfach Noten, er ist selbst Teil der internationalen Musikwelt mit ihren vielfältigen Institutionen, Künstlerinnen und Künstlern.

74
cresc.

THEMA
Andante *)
75
Var. I
ausgabe, nicht im Auto-
*) Andante in the first edition, but not in the autograph.
*) Andante seulement dans la première édition, pas dans l'autographe.

# EPILOG

# Freundschaften

Neben allen Fähigkeiten, von denen nun schon öfter die Rede war, verfügte Günter Henle über eine große Begabung zur Freundschaft. Mit seinem Klavierlehrer Walther Lampe blieb er von seiner Jugend bis zu dessen Tod im Jahr 1964 in Kontakt, ebenso mit seiner Geigenlehrerin Herma Studeny, die 1973 starb. Andere Freundschaften aus seinen frühen Jahren kommen in seinen Erinnerungen, die alles Private so weit wie möglich ausblenden, nicht vor, was noch lange nicht heißt, dass er sie nicht gepflegt hätte. Seine Freundschaften mit großen Musikern freilich sind bestens dokumentiert, unter anderem über zahlreiche erhaltene Briefe an Günter Henle. Die Tradition freundschaftlicher Verbindungen zu bedeutenden Künstlern setzt sich bis in die Gegenwart fort, im Verlagsgebäude sind ihre Porträts in einer eindrucksvollen Fotogalerie versammelt und auch im Internet ist eine solche Galerie zu bewundern, die von den Anfangsjahren des Verlags bis in die Gegenwart reicht.

Die Website des Verlags präsentiert auch das Gästebuch von Günter und Anne Liese Henle aus den Jahren 1942 bis 1979 samt perfekter Transkription und Kommentierung. Man sollte sich unbedingt Zeit nehmen, um darin zu blättern, nicht nur, weil man dort (fast) allen

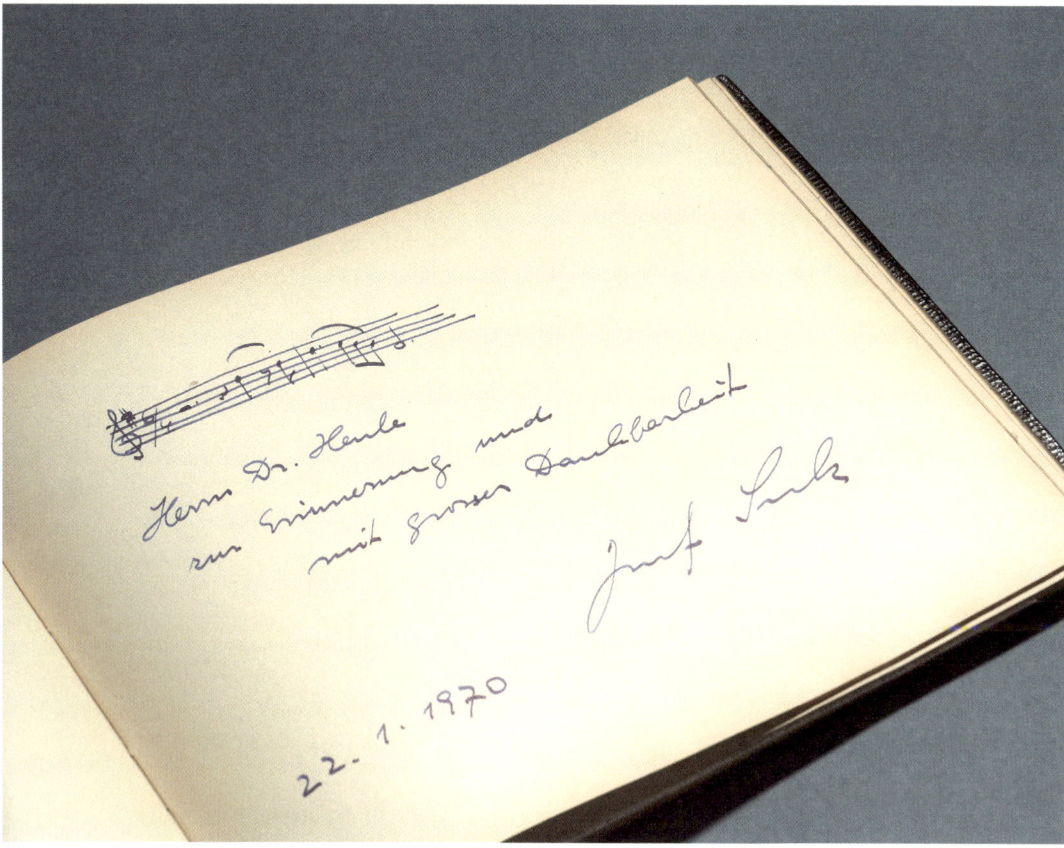


Der Geiger Josef Suk war im Januar 1970 zu Gast bei Henles.

Namen begegnet, die als Solisten oder Kammermusiker in der Mitte des 20. Jahrhunderts eine Rolle gespielt haben. Die Eintragungen vermitteln auch die gastfreundliche Atmosphäre im Hause Henle auf der Wilhelmshöhe 10 in Duisburg. Man traf sich zum Musizieren, nach einem Konzert oder einfach, weil man gerade in der Gegend war, es gab interessante Gespräche, konzertreife Darbietungen, aber auch Küche und Keller machten Eindruck.

Besonders häufig war Karl Röhrig zu Besuch, was nicht weiter verwundert, weil Günter Henle mit dem Konzertmeister der Duisburger Sinfoniker ja schon in den letzten Kriegsjahren musiziert und ihn später für die Fingersätze einiger Urtextausgaben engagiert hat. Mit ihm war am 20. Oktober 1949 Edwin Fischer zu Gast, den Günter Henle wohl zum ersten Mal während seiner Ausbildung beim Auswärtigen Amt in Berlin auf der Bühne erlebt hat. Unter den Musikerfreunden, denen er in seinen Erinnerungen ein eigenes Kapitel widmet, steht er an erster Stelle. „Nach einem seiner Konzerte in der ersten Nachkriegszeit – wie damals oft in beinahe ungeheizten Sälen – besuchten wir ihn im Künstlerzimmer. Da er sehr erhitzt war, legte ihm meine Frau ihr schwarzes Pelzcape um die Schultern. Aus diesem Umhang ragte dann nur sein eindrucksvoller Kopf hervor. Ein majestätischer Anblick – Reinkarnation Beethovens oder ein König Lear." (VD 51)

Früh taucht im Gästebuch der Geiger Wolfgang Schneiderhahn auf, er wird zu den häufigsten Gästen zählen. „Wie schön ist es stets, bei Ihnen zu sein. Zu stöbern – wie herrlich", schreibt er am 22. März 1957. „Sein freundliches und herzliches Wesen macht ihn besonders liebenswert", erinnert sich Günter Henle, aber auch als Berater war er ihm wichtig, der bei der Bewertung von Quellen seine künstlerische Erfahrung einbrachte.

Im Gästebuch findet sich kein Hinweis, dass der Hausherr mit seinem Freund musiziert hätte. David Oistrach dagegen, am 28. April 1974 zu Gast, ist vom pianistischen Können Günter Henles beeindruckt: „Lieber Herr Henle, unser Besuch in Ihrem Haus war diesmal besonders angenehm, da ich das Vergnügen hatte, mit Ihnen gemeinsam zu musizieren. Dabei vermochte ich zu würdigen, welch wunderbarer und tiefer Musiker Sie sind."

*Rechte Seite* David Oistrach war vom pianistischen Können Günter Henles tief beeindruckt.

Dem verehrten Herrn Dr. Günter Henle
in dankbarer Erinnerung
11-iii-72
David Oistrach

Die intensivste Freundschaft zu einem der großen Künstler aber verband ihn wohl mit Yehudi Menuhin. Er hatte ihn kurz nach dem Krieg auf einem Empfang in Brüssel kennengelernt, wo Menuhin über den von ihm verehrten Philosophen Constantin Brunner referiert hatte, dessen Bücher von den Nationalsozialisten verbrannt worden waren. Aus Dankbarkeit, dass Menuhin schon bald nach dem Ende der Diktatur wieder bereit war, in Deutschland aufzutreten, unterstützte ihn Günter Henle bei einer Neuausgabe von Brunners Schriften.

Bald darauf war Menuhin anlässlich eines Konzertauftritts in Düsseldorf zu Gast auf der Wilhelmshöhe 10. „Von Anfang an war es, als kennten wir uns schon seit langem. Seine ungewöhnlich ausdrucksvollen Augen nahmen uns sofort gefangen." (VD 64) An kaum einer anderen Stelle seiner Erinnerungen gibt sich Günter Henle so persönlich.

Zwischen den Menuhins und den Henles entwickelte sich eine Familienfreundschaft: Yehudi Menuhin und Anne Liese Henle.

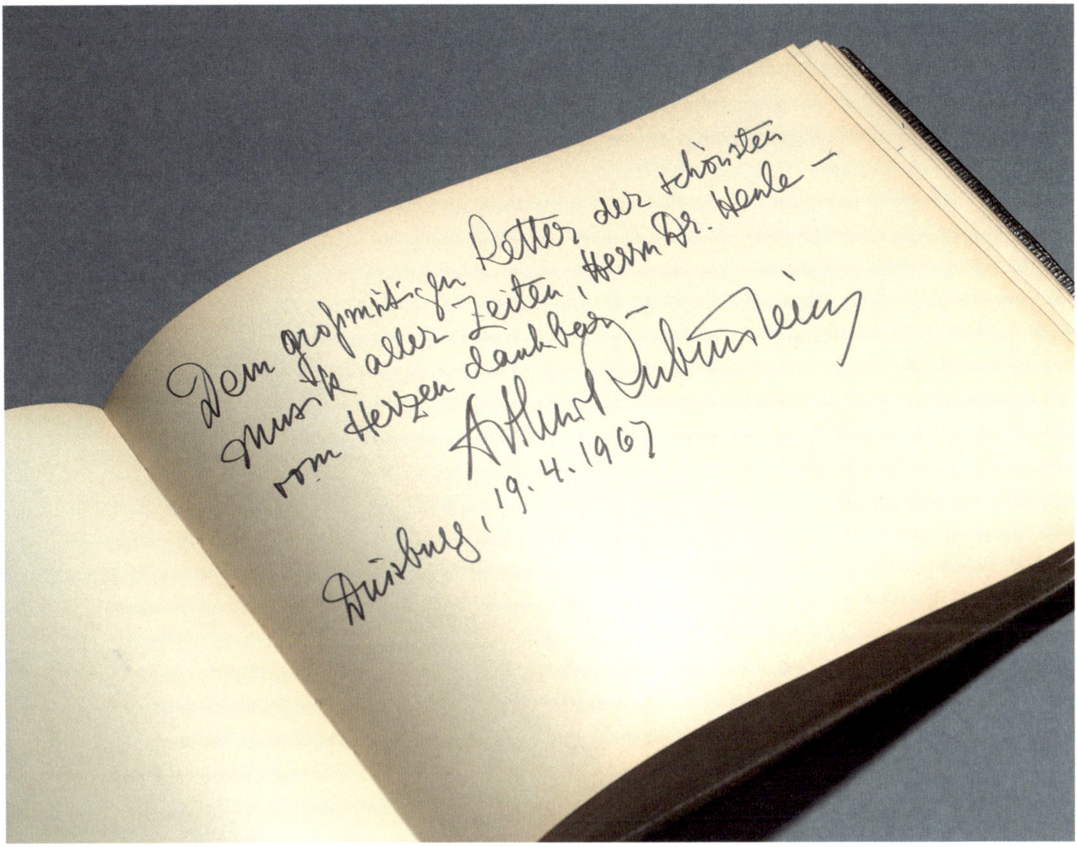


Zwischen den Menuhins und den Henles entwickelte sich eine Familienfreundschaft, einen Höhepunkt bildete ein Konzertabend am 12. August 1968 in der Pfarrkirche von Saanen-Gstaad, wo Günter Henle mit Yehudi Menuhin Johannes Brahms' Violinsonate op. 78 musizierte. Im selben Konzert waren neben anderen auch Menuhins Schwestern Yaltah und Hephzibah zu hören. Yehudi Menuhin übernachtete regelmäßig bei Henles, wenn er in deren Nähe einen Auftritt hatte. Nach

Arthur Rubinstein weigerte sich nach 1945, in Deutschland öffentlich aufzutreten. In Henles Haus jedoch gab er 1967 ein Konzert in privatem Rahmen.

seinem Tod gab er in Duisburg ein Gedächtniskonzert zu Ehren seines Freundes. Die enge Freundschaft zu den Menuhins wurde von Anne Liese Henle bis zu ihrem Tod weiter gepflegt.

Anders als Yehudi Menuhin weigerte sich Arthur Rubinstein nach dem Krieg, in Deutschland öffentlich aufzutreten. Günter Henle hatte ihn zum ersten Mal in Buenos Aires erlebt, später vertiefte sich der Kontakt, weil er genauso wie die Henles ein Sommerhaus an der Costa del Sol besaß. An der Arbeit des Verlags zeigte er lebhaftes Interesse, ohne sich direkt daran zu beteiligen. Im Gästebuch hat er sich immer wieder mit größter Herzlichkeit verewigt: „Nach einem unvergesslichen Abend" (Amsterdam, 18. Oktober 1968), „Es war wieder herrlich! Danke, danke" (Den Haag, 9. November 1971), „Ein Gast, der stolz ist, Ihnen am Tage Ihres Geburtstags das Beste und das Schönste wünschen zu können" (3. Februar 1973). Einmal hat Arthur Rubinstein dann doch noch in Deutschland gespielt: im Frühjahr 1967 ganz privat im Haus der Henles. Auf diesen Besuch bezieht sich sein Eintrag ins Gästebuch vom 19. April 1967: „Dem großmütigen Retter der schönsten Musik aller Zeiten."

Den Flügel, auf dem Arthur Rubinstein sein Hauskonzert bei den Henles gab, hatte Jahre zuvor Rudolf Serkin eingespielt. Diese Freundschaft hat eine längere Vorgeschichte. In den 1920er Jahren hatte Günter Henle den Geiger Adolf Busch kennengelernt, einen der bedeutendsten Solisten seiner Zeit, außerdem ein sehr produktiver Komponist im spätromantischen Stil. Zu Beginn der 1950er Jahre musizierte er mit ihm jene Brahms-Sonate op. 78, die er später mit Yehudi Menuhin in Saanen-Gstaad aufführen sollte (und nochmals später mit Edith Peinemann in Würzburg). Auf Anregung Günter Henles gaben die Duisburger Sinfoniker 1957 ein Gedenkkonzert für den 1952 verstorbenen Adolf Busch, bei dem die deutsche Erstaufführung seines letzten Werkes, die Vertonung des Psalms 6 für Chor, Orchester und Orgel op. 70, auf dem Programm stand. Als Schwiegersohn des dortigen Chordirektors hatte Busch eine private Verbindung nach Duisburg, beziehungsreich war aber auch der zweite Programmpunkt des Abends, das erste Klavierkonzert von Johannes Brahms. Als Solist hatte sich Günter Henle Rudolf Serkin gewünscht, den langjährigen Duopartner

*Rechte Seite* Arthur Rubinstein dankt im Dezember 1969 Günter Henle für dessen „großartiges Werk für die Musik".

Paris, 20.12.69
Herrn Dr. Dr. Günter Henle mit meiner Bewunderung und
Dankbarkeit für sein grossartiges Werk für die Musik!
Arthur Rubinstein

Meinem verehrten Freund
Günter Henle,
in alter Liebe,
Rudolf Serkin
April 1970

und späteren Schwiegersohn von Adolf Busch, den er damit ermuntern wollte, wieder häufiger in Deutschland aufzutreten. Serkin sagte zu und musste wegen einer Erkrankung wieder absagen – doch die Verbindung zwischen ihm und dem Ehepaar Henle war geknüpft. Obwohl er das Konzert hatte absagen müssen, schrieb er am 20. Januar 1957 an Günter Henle: „Ich habe Ihnen noch besonders persönlich zu danken, dass Sie mir geholfen haben, meinen Weg nach Deutschland wiederzufinden. Denn das ist doch jetzt so dass ich mich jetzt darauf freue wiederzukommen, und besonders auf die Begegnung mit Ihnen."

1964 reisten die Henles zum ersten Mal zum Kammermusikfestival nach Marlboro/Vermont, das Rudolf Serkin mit seinem Schwiegersohn initiiert hatte. Anne Liese Henle erinnert sich später an die gemeinsamen Essen auf dem Campus des Festivals: „Es ging fröhlich und zwanglos zu, und durch das allgemeine Interesse der Künstler an den Henle-Musikausgaben nahmen sie uns sogleich als zu ihnen gehörig in ihren Kreis auf. Die Seele des Ganzen war auch hier Rudolf Serkin, der bei der bekannten amerikanischen Ungezwungenheit allgemein nur mit ‚Roody' (Rudi) angeredet wurde. Es ging ein Scherzwort dort über ihn um: ‚There is a man called Roody who never seems to be moody.'"

Die amerikanische Ungezwungenheit hält bald auch Einzug ins Gästebuch der Henles: Am 1. Mai 1968 verewigt sich dort in zierlicher Schrift „in inniger Freundschaft und Dankbarkeit – Rudi". Und am 13. Dezember 1968 schreibt er an Günter Henle: „Eure Freundschaft hat so viel Tiefes und Schönes in mein Leben gebracht, und ich bin dankbar dafür."

Außergewöhnliche Begabung, ein Geist der Perfektion und höchste musikalische Ambition: Auf dieser Ebene fanden der Unternehmer Günter Henle und seine zahlreichen Künstlerfreunde zueinander. „Wenn sie gestorben sind und vielleicht ihre anderen Taten vergessen sein werden, dann werden die Musiker noch immer Ihrer gedenken." Günter Henle soll, so ist es jedenfalls überliefert, mit dieser Prophezeiung Edwin Fischers durchaus zufrieden gewesen sein.

*Linke Seite* Mit Rudolf Serkin – wie auch mit Yehudi Menuhin – wechselten die Henles zum vertrauten „Du".

***Von oben links im Uhrzeigersinn***
David Geringas, Gidon Kremer,
James Galway, Antoine Tamestit

Evgeny Kissin

Beethoven
Urtext
Sonaten für Klavier
und Violine
Band I

***Von oben links im Uhrzeigersinn***
Grigory Sokolov, Alfred Brendel,
Tabea Zimmermann,
Marc-André Hamelin

***Von oben links im Uhrzeigersinn***
Mitsuko Uchida, Yaara Tal und Andreas Groethuysen, Quatuor Ébène

Murray Perahia

Beethoven
Urtext
Klaviersonaten
Band I
Beethoven · Klaviersonaten I

***Von oben links im Uhrzeigersinn***
Hilary Hahn, Lang Lang,
Heinrich Schiff, Renaud Capuçon

# ZEIT-
# TAFELN

# Günter Henle

| | |
|---|---|
| 1899 | Geboren am 3. Februar in Würzburg. |
| 1903–1916 | Kindheit und Jugend in München. Besuch der Türkenschule, Abitur am Maxgymnasium.<br>Klavierunterricht bei Walther Lampe, Violinunterricht bei Herma Studeny. |
| 1916–1918 | Teilnahme am 1. Weltkrieg. |
| 1918–1920 | Jurastudium in Marburg und Würzburg, Abschluss mit Promotion. |
| 1921–1931 | Attaché im Diplomatischen Dienst mit Stationen in Berlin, Amsterdam, Den Haag und Buenos Aires; Auftritt als Pianist bei der argentinischen Erstaufführung von Beethovens Chorfantasie op. 80 in Buenos Aires. |
| 1931–1936 | Attaché an der Deutschen Botschaft in London. |
| 1933 | Heirat mit Anne Liese Küpper, der Stieftochter Peter Klöckners, Inhaber der Klöckner-Unternehmensgruppe in Duisburg. |
| 1937 | Peter Klöckner nimmt seinen Schwiegersohn als Teilhaber in die Firma auf. |

| | |
|---|---|
| 1940 | Tod Peter Klöckners, Günter Henle steigt nach und nach in die Konzernspitze auf. |
| 1942 | Gauleiter Josef Terboven vertreibt Günter Henle wegen dessen jüdischen Vorfahren von der Konzernspitze, später kann er zumindest wieder die Leitung der Handelsfirma Klöckner & Co übernehmen. |
| 1945–1946 | Dezember bis September: Häftling der britischen Besatzungsmacht im Internierungslager Hermer bei Iserlohn und im Sammellager Bad Nenndorf. |
| 1947–1949 | Mitglied des Frankfurter Wirtschaftsrats. |
| 1948 | Gründung eines „Verlages zur Herausgabe musikalischer Urtexte" mit Verlagssitzen in Duisburg und München. |
| 1949–1953 | Mitglied (CDU) des ersten Deutschen Bundestags, Ratgeber Bundeskanzler Adenauers zu Außenpolitik und Wirtschaft. |



Konrad Adenauer und das Ehepaar Henle.

ab 1950 Förderung zahlreicher hochbegabter Musiktalente, z.B. Edith Peinemann, Murray Perahia und Frank Peter Zimmermann; Freundschaft mit bedeutenden Musikern, u.a. Pablo Casals, Walter Gieseking, Karl Klingler, Yehudi Menuhin, David Oistrach, Arthur Rubinstein, Wolfgang Schneiderhan und Rudolf Serkin.

Günter Henle und Edith Peinemann.

| | |
|---|---|
| **1951–1964** | Vorsitz im Musikgremium des Kulturkreises der Deutschen Industrie. |
| **1955** | Mitbegründer des Joseph-Haydn-Instituts in Köln. |
| **1955–1973** | Mitbegründer und erster Präsident der Deutschen Gesellschaft für Auswärtige Politik. |
| **1956** | Ehrenmitgliedschaft der Gesellschaft für Musikforschung. |
| **1964** | Ehrenpromotion durch die Philosophische Fakultät der Universität Köln. |
| **1968** | Veröffentlichung der Autobiografie Weggenosse des Jahrhunderts. |
| **1972** | Gründung der Günter Henle Stiftung. |
| **1976** | Ausscheiden als geschäftsführender Gesellschafter bei Klöckner & Co. |
| **1979** | Tod am 13. April in Duisburg. |



***Rechte Seite*** Günter Henle, Pastellstudie von Jürgen Kallmann.

# G. Henle Verlag

1948 Günter Henle gründet in München einen „Verlag zur Herausgabe musikalischer Urtexte": Lizenzerteilung durch die amerikanische Militärregierung am 20. Oktober 1948. Sitz des Musikverlags ist neben München (Prinzregentenplatz) bis 1979 auch Duisburg (Klöckner-Haus), der Hauptwirkungsort Henles, der geschäftsführender Gesellschafter von Klöckner & Co sowie Aufsichtsratsvorsitzender der Klöckner Werke AG und der Klöckner-Humboldt-Deutz AG ist.

1949 24. Februar: Eintrag in das Handelsregister beim Amtsgericht München.
Die ersten Urtextausgaben erscheinen: Wolfgang Amadeus Mozarts Klaviersonaten in zwei Bänden (HN 1 und 2) sowie Franz Schuberts Impromptus und Moments musicaux (HN 4). In den ersten 20 Jahren konzentriert sich der Verlag fast ausschließlich auf die Veröffentlichung der Werke von Bach, Beethoven, Brahms, Chopin, Haydn, Mozart, Schubert und Schumann.



*Rechte Seite* Vor dem Verlagsgebäude in der Forstenrieder Alle 122.

G. Henle Verlag

| | |
|---|---|
| **1950–1954** | Rechtsstreitigkeiten über die Verwendung des Begriffs „Urtext" (mit Fingersätzen) mit dem damaligen Eigentümer von Breitkopf & Härtel (Hellmuth von Hase); sie enden zugunsten Günter Henles. |
| **1954** | Gründung der Lektoratsabteilung unter der Leitung des Pianisten und Musikwissenschaftlers Ewald Zimmermann (bis 1975). |
| **1955** | Publikation des Beethoven-Werkverzeichnisses („Kinsky-Halm"), vollständig revidierte Neuausgabe in 2 Bänden 2014 (Dorfmüller/Gertsch/Ronge). |
| | Beginn der Arbeiten an der Haydn-Gesamtausgabe. Zwischen 1958 und 2022 erscheinen sämtliche der geplanten 112 Bände. |
| | Umzug der Münchner Niederlassung in die Schongauer Straße 24 (bis 1978). |
| **1956** | Hans-Martin Theopold wird bevorzugter Fingersetzer und Berater. Er wird der meistbeschäftigte Bezeichner von Urtextausgaben. |



Ewald Zimmermann.

Die Verlagsräume in der Schongauer Straße.

| | |
|---|---|
| 1957 | Veröffentlichung der ersten Faksimile-Ausgabe des Verlags: das Autograf von Joseph Haydns Schöpfungsmesse. Das Autograf hatte Klöckner & Co kurz zuvor anlässlich des 50-jährigen Firmenjubiläums erworben und dann der Bayerischen Staatsbibliothek in München gestiftet. |
| 1958 | 10 Jahre Henle Urtext. Die ersten drei Bände der Haydn-Gesamtausgabe erscheinen. |
| 1959 | Beginn der Arbeit an der Beethoven-Gesamtausgabe. Von den geplanten 56 Bänden sind 2023 39 Bände erschienen (s. auch 1961). |
| 1960 | Start der Herausgabe der Kataloge der Serie B des RISM (Répertoire Musicale des Sources Musicales). Bis 2023 sind 35 Bände erschienen. |
| 1961 | Der erste Band der Beethoven-Gesamtausgabe erscheint. |



Walter Gieseking.

Publikation der Etüden als Start der Urtext-Publikation sämtlicher Klavierwerke von Frédéric Chopin (Zimmermann), abgeschlossen 1979. Revision der Etüden 1983 (Zimmermann). Start der neuerlichen Revision sämtlicher Chopin-Ausgaben 2007 (Müllemann).
Erste Lizenzen an den Bärenreiter Verlag, Kassel, für die größer besetzten Werke Joseph Haydns nach der Gesamtausgabe. Bis 2023 sind ca. 100 Ausgaben erschienen.

1964 Start der Herausgabe der Kataloge der Serie „Frühromantik" der Publikationsreihe „Das Erbe deutscher Musik", beendet 2007. Sieben Bände sind erschienen.

1965 Start der Reihe Haydn-Studien. Bis 2023 sind elf Bände mit je 4 Heften erschienen.

Übergabe des ersten Bandes der Beethoven-Gesamtausgabe. V.l.n.r.: Joseph Schmidt-Görg (Beethoven-Haus Bonn), Ministerpräsident Franz Meyers, Günter Henle.

| | |
|---|---|
| 1968 | Das Quellenarchiv des Verlags zählt inzwischen mehr als 70000 Fotokopien von Autografen, Erstausgaben und frühen Abschriften. 2023 umfasst die Sammlung 40000 vollständige Quellenreproduktionen. |
| 1969 | Martin Bente wird Herstellungsleiter, ab 1972 kaufmännischer Leiter der Münchner Niederlassung, von 1979 bis 2000 leitet er den Verlag.<br>Start der Urtextausgaben der Klavierwerke von Felix Mendelssohn Bartholdy mit dessen Sechs Kinderstücken für Klavier. |
| 1970 | Eintritt von Ernst Herttrich als Lektor (bis 1990), bis heute Herausgeber der meisten Urtextausgaben des Verlags. |
| 1971 | Start der Reihe „Kataloge bayerischer Musiksammlungen" (KBM). Bis 2023 erschienen 44 Bände. |
| 1972 | Günter Henle gründet die Günter Henle Stiftung mit Sitz in München. Sie wird 1973 Eigentümerin des G. Henle Verlags.<br>Vorsitzende: 1973–1979 Günter Henle, 1979–1981 Walter Keim, 1982–1994 Anne Liese Henle, 1994–2015 Christian Peter Henle, seit 2016 Felix Henle. |



Martin Bente.

| | |
|---|---|
| | Start der Urtextausgaben der Klavierwerke von Franz Liszt mit dem ersten Band der Années de pèlerinage. |
| 1973 | 25 Jahre G. Henle Verlag. Ca. 250 Urtextausgaben. Publikation von: Günter Henle, Verlegerischer Dienst an der Musik (Sonderdruck) und Faksimile des Autografs der h-moll-Sonate von Franz Liszt. |
| 1975 | Start der Reihe „Die Oper", beendet 2001, sechs Bände sind erschienen. |
| 1976 | Publikation der Erstausgabe (Urtext) von Robert Schumanns Exercices (Etüden bzw. Variationen zu einem Beethoven-Thema) für Klavier. |
| 1977 | Die „Kataloge der Musikabteilung der Staatsbibliothek zu Berlin" erscheinen im G. Henle Verlag, bis heute sechs Bände. |
| 1978 | Eintritt von Ernst-Günter Heinemann ins Lektorat, als Nachfolger von Ewald Zimmermann (bis 2010). |

Ernst Herttrich, Margit L. McCorkle.

| | |
|---|---|
| 1978/79 | Erwerb und Umzug in das heutige Verlagsgebäude in der Forstenrieder Allee 122 in München. |
| 1980 | Publikation des Chopin-Werkverzeichnisses (Kobylańska). |
| 1981 | Gründung einer Tochtergesellschaft in St. Louis, Missouri, zunächst als Joint Venture mit Norman Goldberg, dann ab 1985 „G. Henle USA Inc.", Niederlassungsleiter: Holger Siems.<br>Beteiligung mit eigenem Messestand an der ersten Musikmesse in Tokio, Japan. Regelmäßige Ausstellungen in Tokio folgen. |
| 1983 | Start der Urtext-Publikationen des gesamten Klavierwerks von Claude Debussy (Heinemann/Lesure). |
| 1984 | Publikation des Brahms-Werkverzeichnisses (McCorkle). |
| 1985 | Beginn der Arbeiten an der Brahms-Gesamtausgabe in Kiel (s. auch 1996). |
| 1986 | Teilnahme an der 1. Internationalen Buchmesse Peking. |



Holger Siems (l.), Ernst-Günter Heinemann (r.).

| | |
|---|---|
| | Eröffnung eines Palettenlagers im Keller des benachbarten Lebensmittelmarktes (Tunnelzugang). Publikation der Erstausgabe von Claude Debussys Klaviertrio. |
| 1988 | Publikation der Faksimile-Ausgabe des Autografs von Franz Schuberts Sonatine für Klavier und Violine D-dur op. 137 Nr. 1 aus Günter Henles Privatbesitz zum 80. Geburtstag von Anne Liese Henle. Erste Verlagsreise nach Australien. |
| 1989 | Publikation der ersten Klavier- und Kammermusikwerke von Antonín Dvořák und Edvard Grieg. |
| 1990 | Wolf-Dieter Seiffert wird Lektor, ab 1992 Cheflektor und von 2000 bis Ende 2023 Verlagsleiter. |

Wolf-Dieter Seiffert.

1992 Aufstockung des Verlagsgebäudes Forstenrieder Allee 122.
Publikation der Erstausgabe von Ferruccio Busonis frühen Charakterstücken für Klarinette und Klavier (Meerwein).

1995 Erste chinesische Lizenzausgabe einer Urtextausgabe mit dem in Peking ansässigen Staatsverlag People's Music Publishing House (PMPH). Seither dutzende chinesische Lizenzausgaben von Henle-Urtexten bei PMPH und bei dem in Shanghai ansässigen Musikverlag Shanghai Music Publishing House (SMPH).
Start der Taschenpartitur-Serie „Henle Studien-Edition". Bis 2023 erscheinen insgesamt 257 Bände.
Im Urtext-Programm erscheinen erstmals Werke russischer Komponisten (Peter Iljitsch Tschaikowsky, Alexander Skrjabin).

Präsentation des ersten Bandes der Brahms-Werkausgabe: v.l.n.r. Friedhelm Krummacher (erster wissenschaftlicher Leiter der Ausgabe), Dieter Swatek (Staatssekretär im Kieler Wissenschaftsministerium), Martin Bente.

| | |
|---|---|
| **1996** | Erste Publikation der Brahms-Gesamtausgabe mit dessen Symphonie Nr. 1. Bis 2023 sind 37 Bände erschienen.<br>Publikation des Briefwechsels Ludwig van Beethovens in sieben Bänden. |
| **1997** | Eintritt von Norbert Gertsch als Lektor, ab 2003 Cheflektor und seit 2009 Programmleiter und stellvertretender Verlagsleiter.<br>Start der Website des Verlags. |
| **1998** | 50 Jahre G. Henle Verlag, mit rund 1000 Titeln der international führende Urtext-Verlag.<br>Seit 1998 jährliche Teilnahme mit eigenem Messestand an der Internationalen Musikmesse in Peking, seit 2004 in Shanghai. |

Ein Band der Ausgabe der Briefe Beethovens.

Norbert Gertsch.

| | |
|---|---|
| 1999 | Erstes digitales Produkt: Der Briefwechsel Ludwig van Beethovens erscheint als CD-ROM. |
| 2000 | Sonderpreis des Deutschen Musikeditions-Preises, verliehen vom Deutschen Musikverlegerverband, für die verlegerische Gesamtleistung bei der Herausgabe von Urtext-Editionen.<br>Ablösung des traditionellen Notenstichs in Bleiplatte durch digitalen Notensatz.<br>Verlagslogo und Textlayout werden behutsam modernisiert. |
| 2002 | Lizenz- und Kooperationsvertrag mit dem Verlag Breitkopf & Härtel, Wiesbaden, zur Herstellung und Vertrieb von Orchestermaterialen zu Urtextausgaben. Dutzende Ausgaben erscheinen.<br>Das gesamte Warenlager wird dem Auslieferungsdienstleister Ancora, Manching, übertragen. |
| 2003 | Publikation des Schumann-Werkverzeichnisses (McCorkle).<br>Schrittweise personelle Verstärkung des Lektorats auf schließlich fünf promovierte Musikwissenschaftler. |
| 2004 | Eintritt von Norbert Müllemann, zunächst als Volontär im Lektorat, seit 2017 Cheflektor, ab 2024 Programmleiter. |
| 2005 | Grundlegende Modernisierung des Verlagsgebäudes Forstenrieder Allee 122. |
| 2007 | Schließung der US-Niederlassung und Übertrag der exklusiven US-Auslieferung an Hal Leonard Inc., Milwaukee, Wisconsin.<br>Erster Auftritt auf YouTube. |
| 2008 | Publikation der Erstausgabe von Max Bruchs Streichquintett Es-dur.<br>Erste Werke von Maurice Ravel erscheinen als Urtext.<br>Versand des ersten Newsletters. |
| 2009 | Mit ersten Urtextausgaben von Werken Alban Bergs hält die Zweite Wiener Schule Einzug ins Programm. |

| | |
|---|---|
| **2010** | Publikation von Robert Schumanns gesamtem Klavierwerk in grundlegender Revision (Herttrich), damit Abschluss eines neunjährigen Projekts.<br>Erster Auftritt auf Facebook. |
| **2011** | Publikation des Reger-Werkverzeichnisses (Popp).<br>Start des Henle-Blogs in deutscher und englischer Sprache. |
| **2013** | Erster Social-Media-Auftritt in China auf Weibo, 2021–2023 folgen WeChat, RED und Bilibili. |
| **2014** | Gesamtes Warenlager wird dem Auslieferungsdienstleister Brockhaus/Commission, Kornwestheim, übertragen.<br>Start der „pädagogischen" Urtextausgaben mit 12-teiliger Serie „Am Klavier" bzw. „At the Piano". |
| **2016** | Start der Henle Library App.<br>Start der Herausgabe der Bartók-Gesamtausgabe, bis 2023 sind sechs Bände erschienen. |
| **2018** | Erster Auftritt auf Instagram. |
| **2019** | Start des Henle Webshops.<br>Der erste Teilband der revidierten Urtextausgaben von Ludwig van Beethovens Klaviersonaten liegt vor („Perahia-Ausgabe", Perahia, Gertsch; Einzelausgaben seit 2004).<br>Erste Kompositionen von Evgeny Kissin erscheinen. |
| **2020** | Errichtung einer Photovoltaikanlage auf dem Verlagsdach Forstenrieder Allee 122.<br>Publikation von Joseph Haydn, sämtliche 55 Klaviersonaten in grundlegender Revision – mit 55 verschiedenen Künstlern als Fingersetzer.<br>Aufbau einer neuen Abteilung Online-Marketing.<br>Erste Urtextausgaben mit Werken von Richard Strauss. |
| **2022** | Erste Urtextausgaben mit Werken von Arnold Schönberg. |

| | |
|---|---|
| **2023** | 75 Jahre G. Henle Verlag: rund 1500 Urtextausgaben, Weltmarktführer Urtext.<br>Der Exportanteil liegt bei ca. 70 Prozent: vor allem in die USA, nach Japan, China, Süd-Korea und Frankreich.<br>Start der Video-Tutorial-Plattform „Henle Masterclass".<br>Erster Auftritt auf der Social-Media-Plattform LinkedIn. |
| **2024** | Norbert Gertsch folgt Wolf-Dieter Seiffert als Verlagsleiter. |

Vor dem Verlagsgebäude: die Belegschaft im Jubiläumsjahr 2023.

G. Henle Verlag

# Nachweise

**WJ:** Günter Henle: Weggenosse des Jahrhunderts. Als Diplomat, Industrieller, Politiker und Freund der Musik. Stuttgart 1968

**VD:** Günter Henle: Verlegerischer Dienst an der Musik. München 1973

Das zweite Kapitel stützt sich ganz wesentlich auf Wolf-Dieter Seifferts Aufsatz *„Urtext". Ein historischer Überblick samt Begriffsdefinition* aus dem Jahr 2013. Er findet sich auf der Website des Verlags.

# Bildnachweise

© Peter Adamik: Seite 156

akg-images:
Heritage-Images / The Print Collector / akg-images: Seite 24
akg-images / Keystone / STR: Seite 50
akg-images: Seite 106, 107, 110, 111
Heritage Images / Fine Art Images / akg-images: Seite 109

Bayerische Staatsbibliothek München/Bildarchiv: Seite 8/9

© Andreas Bohnenstengel: Seite 94

© Robert Brembeck/G. Henle Verlag: Seite 4, 43, 44/45, 54/55, 58, 61, 63, 64, 67, 69, 70/71, 74/75, 77, 78, 79, 80, 81, 82, 83, 84/85, 87, 89, 90, 92, 97, 98/99, 100/101, 102, 105, 113, 114, 118, 120/121, 123, 125, 126/127, 130, 131, 132/133, 146/147, 158/159, 160/161, 163, 167, 187, 198, 201, 202, 204/205, 206

Commun Rights: Seite 48, 93

© euroluftbild.de/Hans Blossey: Seite 31

© Getty images/ullstein bild: Seite 49

© Presse- und Informationsdienst der Bundesregierung, Bundesbildstelle, Bonn: Seite 182

Verlagsarchiv G. Henle Verlag und Familienarchiv: Seite 10, 12, 13, 16, 17, 19, 23, 26, 33, 35, 36 oben und unten, 38, 39, 40, 41, 57, 72, 91, 135 oben und unten, 136/137, 140 (Expo Photo Service, Brüssel), 141, 143, 148, 152, 153, 165, 166, 169, 170, 172 bis 179, 182, 183, 185, 188, 189 oben und unten, 190, 191, 192, 193, 194 links und rechts, 195, 196, 197

con bravura
mf espress.
a tempo

25
a Tempo I°
cresc.

# Dank

Für Ratschläge, Anregungen und freundliche Korrekturen danke ich Felix Henle, Wolf-Dieter Seiffert, Norbert Gertsch und Norbert Müllemann.

München, im September 2023
Tobias Heyl

# Zum Autor

Tobias Heyl, geboren 1962, studierte in München und Wien Germanistik und Geschichte. Zunächst schrieb er als freier Autor für Radio und Zeitungen, seit 1996 arbeitet er als Verlagslektor. Außerdem war er Lehrbeauftragter für Buchwissenschaft an den Universitäten München und St. Gallen.

Gestaltung und Satz: Sophie Weiss, Weiss Werkstatt, München
Umschlag: Anzinger und Rasp, München
Projektmanagement: Dr. Maria Platte
Korrektorat: Dr. Werner Irro, Wort-Institut, Hamburg
Druck und Bindung: Friedrich Pustet, Regensburg
Printed in Germany

Erste Auflage 2023
ISBN 978-3-446-27847-9